Paul Dietel

Verzeichnis sämtlicher Uredineen nach Familien ihrer Nährpflanzen geordnet

Paul Dietel

Verzeichnis sämtlicher Uredineen nach Familien ihrer Nährpflanzen geordnet

ISBN/EAN: 9783743485396

Hergestellt in Europa, USA, Kanada, Australien, Japan

Cover: Foto ©berggeist007 / pixelio.de

Weitere Bücher finden Sie auf **www.hansebooks.com**

Die nachfolgende Zusammenstellung der bisher beschriebenen Rostpilze entsprang der Absicht, einen Überblick über die Verteilung jener Pilze auf den verschiedensten Nährpflanzen zu erhalten. Dafs ein solches Verzeichnis ein vollkommen lückenloses sein werde, wird man bei der Zerstreuung der einzelnen Angaben in einer z. T. nur schwer zugänglichen Litteratur von vorn herein nicht erwarten können. Gleichwohl glaubt Verf. seinen Zweck wenigstens soweit erreicht zu haben, dafs die Ausfüllung der sich etwa noch findenden Lücken das Gesamtbild nur unerheblich abändern wird. Andererseits wird sich die Anzahl der hier aufgeführten Arten hie und da vermindern, wenn erst, wie dies in Saccardo's „Sylloge" zu erwarten steht, durch eine genaue Untersuchung sämtlicher Arten die Synonymik durchweg festgestellt sein wird. Am gröfsten ist diese Unsicherheit bezüglich der auf Compositen vorkommenden Arten; es ist gegenwärtig fast unmöglich, selbst nach einer genauen Beschreibung zu sagen, ob die beschriebene Art neu oder mit einer früher beschriebenen identisch ist, wenn sie nicht ganz augenfällige Merkmale besitzt. Schon die Umgrenzung der in Deutschland einheimischen Arten bietet ja so grofse Schwierigkeiten, dass in Bezug auf sie die Artbegriffe sehr schwankend sind. Hinsichtlich dieser Arten sind wir in der Hauptsache der von Schröter im dritten Bande der Kryptogamenflora von Schlesien gegebenen Bearbeitung gefolgt, während im übrigen der Aufzählung der deutschen Arten fast durchweg die Wintersche Bearbeitung der Rostpilze in der Rabenhorstschen Kryptogamenflora zu Grunde liegt. Nur in Bezug auf die auf Salix vorkommenden Melampsora-Arten konnten wir uns nicht entschliefsen, mit Winter sämtliche Formen zu einer Species zusammenzufassen, sondern haben die von F. v. Thümen aufgestellten Arten durchweg beibehalten.

Bei denjenigen Arten, deren Teleutosporengeneration bekannt ist, werden die beobachteten Sporenformen, soweit sie sich ermitteln liefsen, durch Hinzufügung der Zahlen I II und III angedeutet, bei den Leptopuccinien, Lepturomyces und bei Leptochrysomyxa wurde auf die tremelloide Entwickelungsweise durch Einschaltung des Wörtchens Lepto- hinter dem Gattungsnamen besonders hingewiesen. Bei den heteröcischen Arten ist durch Einklammerung der I jene besondere Art der Entwickelung angedeutet. — Da die als Roestelia und Peridermium beschriebenen Aecidiumformen von den gewöhnlichen Aecidien nicht einmal morphologisch scharf getrennt werden können, so sind sie hier unter dem Gattungsnamen Aecidium aufgeführt worden.

Zweckmäfsiger als die vorliegende Zusammenstellung könnte vielleicht eine solche nach den einzelnen Arten der Wirtspflanzen erscheinen in der Weise wie Cuboni und Mancini dies in ihrer Mycologia Veneta gethan haben. In der That ist eine Zusammenstellung in dieser Weise für gewisse Zwecke wünschenswert. Indessen würde dadurch der Umfang der vorliegenden Arbeit auf Kosten der Übersichtlichkeit ganz erheblich vergrössert worden sein, und zudem läfst sich für die einzelnen Nährpflanzen, für welche man eine [solche Zusammenstellung wünscht, dieselbe aus der vorliegenden Arbeit leicht herstellen. — Bei denjenigen Pilzarten, welche auf einer sehr grossen Anzahl von Nährpflanzen vorkommen, ist eine Angabe der einzelnen Wirtsspecies unterblieben, man wird dieselben in Specialfloren leicht finden. Die Autorennamen sind meist nur bei denjenigen Nährpflanzen angegeben, wo die benutzten Quellen eine solche Angabe enthielten.

Pteridophyta.

Filicinae.

Uredo Polypodii (Pers.) — Cystopteris fragilis Bernh., regia Presl. Phegopteris Dryopteris Fée; Aspidium capense Willd.; Adianthum capillus Veneris L.; Pellaea gracilis Hook.

—— *Forma Phegopteris* — Phegopteris polypodioides Fée.

Uredo Scolopendrii Fuck. — Scolopendrium officinarum Sw.; Asplenium Ruta muraria L.; Blechnum Spicant With.

Uredo macrosperma Cke. — Pteris.

Caeoma Mbatobiense Spey. — Pteris?

Cucoma superficiale Spey. — Blechnum sp.

Caeoma Cheilanthis Peck — Cheilanthes Pringlei.

Gymnospermae.

Coniferae.

Caeoma Abietis pectinatae Reess — Abies pectinata Gilib.

Caeoma Abietis canadensis Farl. — Abies canadensis Poir.

Aec. zu Melamps. Tremulae Tul. — Pinus Larix L.; Larix americana? (= *Caeoma Laricis (Westd.)*).

Aec. zu Melamps. Tremulae Tul. — Pinus montana Mill., silvestris L. (= *Caeoma pinitorquum A. Br.*).

Aec. zu Coleosporium Senecionis (Pers.) — Pinus silvestris L., austriaca Tratt., corsicana Loud., maritima Mill., halepensis Mill., Pumilio Hänke, Strobus L., mitis Mchx., ponderosa Dougl., taeda L., uncinata Ramond, nigricans Host.; Abies nigra Ait. (= *Accidium Pini Lév. p. p.*)

Aec. zu Cronartium asclepiadeum (Willd.) — Pinus silvestris L., Strobus L., austriaca Tratt., corsicana Loud., maritima Mill., halepensis Mill., Pumilio Hänke, Smithiana Loud., mitis Mchx., australis Mchx., longifolia Lamb., insignis. (= *Accidium Pini Lév. p. p.*)

Aecidium Pini Lév. var. *Ravenelii Thüm.* — Pinus australis Michx., mitis Michx.
Aec. zu Chrysomyxa Rhododendri (DC.) — Picea vulgaris Lam. (= *Aec. abietinum Alb. et Schw. p. p.*)
Aec. zu Chrysomyxa Ledi (Alb. et Schw.) — Picea vulgaris Lam. (= *Aec. abietinum Alb. et Schw. p. p.*)
Aecidium abietinum Alb. et Schw. var. *decolorans Peck* — Abies nigra Ait.
Aec. zu Melampsora Göppertiana (Kühn) — Abies pectinata Gilib. (= *Aec. columnare Alb. et Schw.*)
Aecidium pseudocolumnare Kühn — Abies pectinata Gilib.
Aecidium elatinum Alb. et Schw. — Abies pectinata Gilib., Pichta Fisch., balsamea Poir.
Aecidium balsameum Peck — Abies balsamea Poir.
Aecidium Thomsoni Berk. — Abies Smithiana Loud.
Aecidium Peckii Thüm. — Abies canadensis Poir.
Aecidium conorum Piceae Reess — Picea vulgaris Lam.
Aecidium strobilinum (Alb. et Schw.) — Picea vulgaris Lam.
Aecidium coruscans Fries — Picea vulgaris Lam.
Aecidium Engelmanni Thüm. — Pinus Engelmanni Parry.
Aecidium cerebrum Peck — Pinus rigida Mill.
Aecidium pyriforme Peck — Pinus sp.
Aecidium Harknessii Moore — Pinus contorta Gray, ponderosa Dougl., insignis, Sabiniana.
Aecidium filamentosum Peck — Pinus ponderosa Dougl.
Aecidium fragiforme Nob. — Podocarpus latifolia.
Chrysomyxa (Lepto-) Abietis (Wallr.) — Picea vulgaris Lam. Abies canadensis Poir.
Gymnosporangium Sabinae (Dicks) (I) III — Juniperus Sabina L., Oxycedrus L., virginiana L., phoenicea L.; Pinus halepensis Mill. — (Aecidium auf Pirus-Arten.)
—— var. *globosum Farl.* — Juniperus virginiana L.
Gymnosporangium clavariaeforme (Jacq.) (I) III — Juniperus communis L. (Aecidium auf Crataegus, Pirus u. a.)
Gymnosporangium juniperinum (L.) (I) III — Juniperus communis L., virginiana L. — (Aecidium auf Sorbus, Pirus u. a.)
Gymnosporangium tremelloides Rob. (I) III — Juniperus communis L. — (Aecidium auf Sorbus).
Gymnosporangium clavipes Cke. et Pck. (I) III — Juniperus virginiana L., phoenicea L.—(Aecidium auf Amelanchier, Cydonia u. a.)

Gymnosporangium macropus Lk. (I) III — Juniperus virginiana L. — (Aecidium auf Pirus coronaria.)
Gymnosporangium speciosum Peck III — Juniperus occidentalis.
Gymnosporangium biseptatum Ell. (I) III — Cupressus thyoides L.; Libocedrus. — (Aecidium auf Amelanchier canadensis.)
Gymnosporangium Ellisii Berk. (= Hamaspora Ellisii Koern.) III. — Cupressus thyoides L.

Gnetaceae.
Aecidium Ephedrae Cke. —Ephedra antisyphilitica Parry, Tweediana.

Monocotyleae.
Liliaceae.
a. Lilieae.

Aec. zu Puccinia sessilis Schneider — Allium ursinum L. (= *Aecid. Allii ursini Pers.*)
Aecidium Asphodeli — Asphodelus tenuifolius.
Aecidium Barbeyi Roumeg. — Asphodelus fistulosus L.
Aecidium Hartwegiae Thüm. — Chlorophytum elatum R. Br.
Aecidium Muscari Link. — Muscari comosum Mill.
Aecidium Safianoffianum Thüm. — Lilium Martagon L.
Aecidium alliicolum Wint. — Allium stellatum.
Aecidium reticulatum Thüm. — Allium Victorialis L. (gehört vielleicht als Aecidienform zu Uromyces acutatus Fuck.)
Caeoma Allii ursini (DC.) — Allium ursinum L., acutangulum Schrad., Porrum L., oleraceum L., Cepa L., fistulosum L., vineale L. — (Dieses Caeoma gehört wenigstens z. T. als Aecidiumgeneration zu Melampsora populina (Jacq.))
Uromyces Scillarum (Grev.) III — Scilla bifolia L., maritima L., prasina Baker; Muscari comosum Mill., racemosum Mill., tenuiflorum Tausch., botryoides Mill.; Hyacinthus pratensis, non scriptus L.
Uromyces Ornithogali (Wallr.) III — Ornithogalum umbellatum L., nutans L., nanum Brot.; Gagea stenopetala Rchb., arvensis Schult., bohemica Schult., saxatilis Koch, lutea Schult., pusilla Schult.
Uromyces Gageae Beck III — Gagea lutea Schult.
Uromyces Asphodeli Thüm. — Asphodelus microcarpus.
Uromyces acutatus Fuck. II III — Gagea pratensis Schult., arvensis Schult., Allium sphaerocephalum L., Victorialis L.

Uromyces Eriospermi K. et Ckc. II III — Eriospermum sp.
Uromyces Albucae K. et Ckc. II III — Albuca aurea Jacq., minor Jacq., juncifolia?
Uromyces Bulbines Thüm., II III — Bulbine latifolia Schult.
Uromyces Erythronii (DC.) I III — Fritillaria Meleagris L.; Lilium superbum L., bulbiferum L., carniolicum Bernh., candidum L., Philadelphicum, canadense; Erythronium Dens canis L.; Scilla bifolia L., autumnalis L.; Allium Victorialis L., striatum. (Hierher gehört vielleicht auch die folgende Art.)
Uromyces primaverilis Speg. I III — Allium striatellum.
Uromyces Brodiaeae Ell. et Hk. I (II?) III — Brodiaea laxa.
Puccinia nodosa Ell. et Hk. III — Brodiaea capitata.
Puccinia Hemerocallidis Thüm. III — Hemerocallis flava L.
Puccinia Scillae Linh. III — Scilla bifolia L.
Puccinia Tulipae Schröt. III — Tulipa Gesneriana L., suaveolens Roth.
Puccinia aculeata (Lk.) — Tulipa silvestris L. — Ob hiervon die folgende Art verschieden ist, ist wohl noch festzustellen.
Puccinia Prostii (Moug.) — Tulipa silvestris L.
Puccinia Lojkajana Thüm. III — Ornithogalum umbellatum L., nutans L.
Puccinia anachoreta Hark. III — Calochortus nudus.
Puccinia Ornithogali Kalchb. II III — Ornithogalum.
Puccinia Asphodeli (DC.) Dub. II III — Asphodelus albus, microcarpus, tenuifolius.
Puccinia Allii (DC.) II III — Allium oleraceum L., sativum L., lineare L., obliquum, pulchellum Don.
Puccinia Liliacearum Dub. I III — Ornithogalum umbellatum L., nutans L., pyrenaicum L.; Gagea lutea Schult.
Puccinia Calochorti Peck I III — Calochortus Nuttallii. (Vielleicht mit Pucc. anachoreta identisch?)
Puccinia Porri (Sow.) I II III — Allium acutangulum Schrad., Babingtonii, Broteri, carinatum L., carolinianum, Cepa L., Coppolerii, fistulosum L., flavum L., fallax Schult., flavescens, hymenorrhizum, lacteum, Ledebourianum, nutans, ochroleucum, Ophioscorodon Don., palustre Porr., Porrum L., rotundum L., sativum L., Scorodoprasum L., Schönoprasum L., sibiricum Willd., sphaerocephaloides, sphaerocephalum L., Stellerianum W.; Lachenalia orchioides Ait.; (Eine Form dieses Pilzes mit vorwiegend oder ausschliesslich einzelligen Teleutosporen ist als Uromyces ambiguus DC. beschrieben worden.)

β. Melanthicae.

Aecidium Trillii Burr. et Seym. — Trillium recurvatum.
Aecidium Uvulariae Schw. — Uvularia perfoliata, grandiflora Smith.
Uredo Anguillariae Cke. — Anguillaria dioica.
Uromyces Veratri (DC.) II III — Veratrum album L., Lobelianum Bernh.
Puccinia Metanarthecii Pat. III — Metanarthecium luteo-viride.
Puccinia mesomegala Berk. et Curt. — Clintonia borealis Raf.
Puccinia Zygadeni Trel. III — Zygadenus glaucus Nutt., paniculatus, elegans Pursh.
Puccinia atropunctata P. et C. — Veratrum Woodii.
Puccinia Veratri Niessl II III — Veratrum album L., nigrum L., viride.

γ. Smilaceae.

Aecidium Convallariae Schum. — Streptopus amplexifolius DC.; Paris quadrifolia L.; Convallaria majalis L.; Polygonatum verticillatum L., officinale All., multiflorum All., biflorum Ell., giganteum Dietr.; Smilacina racemosa Desf. u. a. (Johanson vermutet, dafs das Aecidium auf Convallaria zu Pucc. sessilis gehört.)
Aecidium Smilacis Schw. — Smilax rotundifolia, laurifolia, herbacea.
Aecidium Callixense Berk. — Callixense marginata.
Puccinia Phylloclaliae Cke. III — Asparagus falcatus.
Puccinia perforans Mont. — Luzuriaga radicans.
Puccinia Myrsiphylli (Thüm.) II III — Myrsiphyllum falciforme Kth., medioloides Thunb.
Puccinia Kraussiana Cke. II III — Smilax Kraussiana.
Puccinia Smilacis Schw. II III — Smilax glauca Mchx., hispida, pumila, rotundifolia, pubera.
Puccinia Asparagi DC. I II III — Asparagus officinalis L., verticillatus.

Amaryllidaceae.

Aecidium Crini Kalchb. — Crinum capense Harv.
Aecidium Leukoji Linh. — Leucojum aestivum L.
Caeoma Galanthi (Unger) — Galanthus nivalis L.
Uromyces Hypoxidis Cke. II III — Hypoxis.
Uromyces affinis Wint. I III — Hypoxis erecta L.
Puccinia Galanthi Unger, III — Galanthus nivalis L.
Puccinia Schroeteri Pass. III — Narcissus poëticus L.

Juncaceae.
Uromyces junvinus Thüm. II III — Juncus acutifolius L.
Uromyces Junci (Desm.) (I) II III — Juncus obtusiflorus Ehrh., tenuis Willd., effusus L. (Das Aecidium auf Buphthalmum und Pulicaria.)
Puccinia Junci (Strauss) II? III — Juncus conglomeratus L., compressus Jacq., punctorius (?), effusus L., Gérardi Lois., acutus L.
Puccinia cancellata Sacc. et Roum. II III — Juncus acutus L.
Puccinia oblongata (Link) II III — Luzula pilosa Willd., campestris DC., vernalis.
Puccinia obscura Schröt. (I) II III — Luzula pilosa Willd., campestris DC., multiflora Lejeum., pallescens Bess., silvatica Gaud. (Das Aecidium auf Bellis perennis.)
Siehe auch Pucc. rimosa.

Iridaceae.
Uredo Moreae K. — Moraea grandiflora Thunb.
Uromyces Croci Pass. III — Crocus vernus All., biflorus.
Uromyces Iridis Lév. — Iris flavissima Pall.
Uromyces Iriae (Lév?) Wint. II III — Lapeyrousia corymbosa (Ker.), Sparaxis grandiflora Ker.
Uromyces transversalis (Thüm.) II III — Tritonia securigera Ker.; Gladiolus Saundersii Hook. fil.
Puccinia Gladioli Cast. II III — Gladiolus Eckloni Lehm., communis L., segetum.
Puccinia Iridis (DC.) I? II III — Iris germanica L., pumila L., Pseud-Acorus L., graminea L., versicolor L., foetidissima L., flavissima Pall., aequiloba, ruthenica Ait., Xiphium, Xiphioides, virginiana, furcata u. a. (Auf Iris virgininiana u. J. versicolor L. ist in Amerika das Aecidium beobachtet worden, dessen Zusammengehörigkeit mit der Puccinia freilich noch nachzuweisen ist.)
Moraea edulis Ker. wird von Winter auch als Nährpflanze von Pucc. Porri angegeben.

Haemadoraceae.
Puccinia Aletridis B. et C. II III — Aletris farinosa L., aurea.

Commelinaceae.
Uredo Commelinae Spey. — Tradescantia; Commelina sulcata.

Typhaceae.
Uromyces Sparganii C. et P. III — Sparganium eurycarpum Engelm.

Araceae.

Aec. zu Pucc. Phalaridis Plowr. II III — Arum maculatum L. (= *Aec. Ari Desm.*)
Aecidium aroideum Cke. — Stylochiton Natalensis.
Caeoma Ari italici (Dub.) — Arum maculatum L.
Uromyces pyriformis Cke. III — Acorus calamus L.
Uromyces Caladii (Schw.) I II III — Arisaema triphyllum Torr., Dracontium Schott.; Peltandra virginica Raf.; Pontederia sagittata; Caladium sagittaefolium.

Cyperaceae.

Uromyces lineolatus (Desm.) II III — Scirpus maritimus L.
Uromyces indicus Pat. II III — Scirpus affinis Rabh.
Uromyces Scirpi Burr. et Seym. II III — Scirpus fluviatilis, triqueter L.
Uromyces Caricis Peck — Carex stricta Good.
Puccinia rimosa (Lk.) II III Isolepis nodosa; auch auf Juncus maritimus Lmk?
Puccinia Fuirenae Cke. — Fuirena squamosa.
Puccinia conclusa Thüm. — Cyperus longus L.
Puccinia microsora Körn. II III — Carex vesicaria L.; Cyperus longus L.
Puccinia caricicola Fuck. II III — Carex supina Wahlb.
Puccinia Eleocharis A. et Holw. II III — Eleocharis palustris R. Br., intermedia Schul.
Puccinia Scirpi DC. II III — Scirpus lacustris L.
Puccinia obtecta Peck II III — Scirpus validus Vahl.
Puccinia angustata Peck II III — Scirpus atrovirens Mühlb.; Cyperus strigosus L.; Eriophorum polystachyum L.
Puccinia Eriophori Thüm. (I)? II III — Eriophorum polystachyum L., latifolium L., alpinum L. (Das Aecidium vermutlich auf Cineraria palustris.)
Puccinia Vulpinae Schröt. (I) II III — Carex vulpina L. (Das Aecidium auf Chrysanthemum vulgare und Achillea Ptarmica.)
Puccinia dioicae Magn. (I) II III — Carex Davalliana Sm., dioica L. (Das Aecidium auf Cirsium.)
Puccinia limosae Schröt. (I) II III Carex limosa L. (Das Aecidium auf Lysimachia thyrsiflora, vulgaris.)
Puccinia silvatica Schröt. (I) II III — Carex alba Scop., brizoides L., divulsa Good., ericetorum Poll., flava L., Goodenoughii Gay., leporina L., pallescens L., panicea L., pilulifera L., praecox Schreb.,

remota L., rigida Good., rupestris All., silvatica Huds., virens Lmk. (Das Aecidium auf Tarraxacum officinale, Senecio nemorensis.)
Puccinia tenuistipes Rostr. (I) II III — Carex muricata L. (Das Aecidium auf Centaurea Jacea.) — Schröter hält es für fraglich, ob diese Art von der vorigen verschieden ist.
Puccinia Schoeleriana Plowr. (I) II III — Carex arenaria L. (Das Aecidium auf Senecio Jacobaea.)
Puccinia Caricis (Schum.) (I) II III — Auf vielen Carex-Arten; Cyperus Schweinitzii Torr., mariscus Nees, tenuiflorus Nees; Mariscus cylindricus, u. a. (Das Aecidium auf Urtica.)

Gramineae.

Aecidium Graminellum Speg. — Bromus unioloides; Stipa.
Uredo Boutelouae Arth. — Bouteloua racemosa Lag.
Uredo Festucae DC. — Festuca glauca Schrad.
Uredo digitariaecola Thüm. — Digitaria sanguinalis Scop.
Urede Poae sudeticae Westd. — Poa sudetica Haenke.
Uredo Isiacae Thüm. — Arundo Isiaca Delile.
Uromyces simulans Peck III — Vilfa.
Uromyces Aristidae E. et E. III — Aristida.
Uromyces cuspidatus Wint. — Festuca Commersii.
Uromyces Brandegei Peck III — Bouteloua racemosa Lag.
Uromyces argentinus Speg. II III — Stipa? (steht dem Ur. Dactylidis sehr nahe.)
Uromyces graminicola Burr. II III — Panicum virgatum; Elymus virginicus.
Uromyces Peckianus Farl. II III — Brizopyrum spicatum Hook; Distichlis maritima.
Uromyces acuminatus Arth. II III — Spartina cynosuroides Willd.
Uromyces Spartinae Farl. (I)? II III Spartina stricta. (Das Aecidium vermutlich auf Xanthium oder Statice.)
Uromyces Dactylidis Otth (I) II III — Dactylis glomerata L.; Poa annua L., palustris Roth., nemoralis L., Festuca elatior L.; Arrhenaterum elatius M. et Koch. (Das Aecidium auf Ranunculusarten.)
Uromyces Poae Rabh. (I) II III — Poa nemoralis L., trivialis L., pratensis L. (Das Aecidium auf Ficaria verna und Ranunculus repens.)
Puccinia Campulosi Thüm. — Campulosus monostachya.
Puccinia longissima Schröt. III — Koeleria cristata Pers.

2

? *Puccinia paliformis Fuck* III — Koeleria cristata Pers?
Puccinia Anthoxanti Fuck II III — Anthoxanthum odoratum L.
Puccinia Maydis Carrad. II III — Zea Mays L.
Puccinia purpurea Cke. II III — Zea Mays L.; Sorghum vulgare scheint von der vorigen Art durch die Uredosporen sich nur wenig zu unterscheiden.
Puccinia arundinariae Schw. II III — Spartina cynosuroides Willd.; Arundinaria; Andropogon furcatus Mühlb., scoparius Mchx.
Puccinia Cesatii Schröt. II III — Andropogon Ischaemum L., angustifolius Sbt. et Sm., hirtus L.
Puccinia Andropogonis Schw. II III — Andropogon scoparius Michx., furcatus Mühlb., virginianus.
Puccinia Baryi Berk. et Br. II III — Andropogon scoparius Michx?; Brachypodium silvaticum Röm. et Schult., pinnatum Beauv., gracile; Calamagrostis canadensis.
Puccinia emaculata Schw. II III — Panicum capillare L., virgatum; Tricuspis seslerioides; Eragrostis pectinata.
Puccinia flaccida B. et Br. II III — Panicum grus-galli L.
Puccinia australis Körn. — II III Molinia serotina Mert. et Koch·
Puccinia Cynodontis Desm. II III Cynodon Dactylon Pers.
Puccinia tomipara Trel. II III — Bromus ciliatus L.
Puccinia triarticulata B. et C. II III — Elymus.
Puccinia vexans Farl. II III — Bouteloua racemosa Lag., curtipendula Gray; Sporobolus cuspidatus Torr. (Uromyces Brandegei Peck ist nach Farlow möglicherweise die Uredo oder eine einzellige Teleutosporenform dieser Art.)
Puccinia deformata B. et C. — Olyra latifolia.
Puccinia Windsoriae Schw. II III — Mühlenbergia.
Puccinia Sporoboli Arth. II III — Sporobolus heterolepis Gray.
Puccinia Stipae Arth. II III — Stipa spartea Trin.
Puccinia Trabutii Roum. et Sacc. — Phragmites gigantea.
Puccinia striatula Peck II III — Calamagrostis canadensis Beauv.
Puccinia gibberosa Lagerh. II III — Festuca silvatica Vill.
Puccinia Phalaridis Plowr. (I) II III — Phalaris. (Das Aec. auf Arum maculatum.)
Puccinia Graminis Pers. (I) II III — Auf vielen Gramineen. (Das Aecidium auf Berberis und Mahonia.)
Puccinia Rubigo-vera (DC.) (I) II III — auf verschiedenen Gramineen, auf Hordeumarten vorwiegend einzellig *(var simplex Körn.)* (Das Aecidium auf Boragineen.)

Puccinia coronata Cda. (I) II III — auf verschiedenen Gramineen. (Das Aecidium auf Rhamnus cathartica, alpina, Frangula.)

Puccinia Sesleriae Reich. (I) II III — Sesleria coerulea Ard. (Das Aec. auf Rhamnus saxatilis.)

Puccinia Moliniae Tul. (I) II III — Molinia coerulea Mönch. (Das Aecidium auf verschiedenen Orchideen.)

Puccinia Poarum Niels. (I) II III — Poa annua L., nemoralis L., pratensis L., trivialis L., Chaix, Vill., alpina L., caesia Sm., Jemtlandica. (Das Aec. auf Tussilago Farfara.)

Puccinia sessilis Schneid. (I) II III — Digraphis arundinacea Trin. (Das Aec. auf Allium ursinum.)

Puccinia perplexans Plowr. (I) II III — Avena elatior L.; Alopecurus pratensis L.; Poa. (Das Aec. auf Ranunculus acris.)

Puccinia Magnusiana Körn. (I) II III — Phragmites communis Trin. (Das Aec. auf Rumex oder Ranunculus repens?)

Puccinia Phragmitis (Schum.) (I) II III — Phragmites communis Trin.; Arundo Donax L., Plinii. (Das Aec. auf Rumex-arten.) Auch auf Phragmites repens ist eine Puccinia gefunden worden, von der sich aber nicht feststellen liefs, zu welcher der beiden vorstehenden Arten sie gehört. Die abweichenden Erfolge der Aussaatversuche machen es wahrscheinlich, dafs vielleicht noch eine dritte Puccinia auf Phragmites comm. anzunehmen ist.

Cannaceae.

Uredo Cannae Wint. — Canna.

Orchidaceae.

Aecidium zu Puccinia Moliniae Tul. — Orchis militaris L., maculata L., Morio L., latifolia L., palustris Jacq., purpurea Huds., mascula L., repens; Listera ovata R. Br.; Platanthera chlorantha Cust.; Epipactis latifolia All. *(= Aecidium Orchidearum Desm.)*

Caeoma Orchidis (Alb. et Schw.) — Orchis militaris L., sambucina L., latifolia L., ustulata L.; Gymnadenia conopea R. Br.; Ophrys aranifera Huds.

Uredo scabies Cke. — Vanilla.

Uromyces Microtidis Cke. — Microtis porrifolia.

Puccinia (Lepto-) aurea Wint. — Monadenia rufescens Lindl.

Puccinia Cypripedii A. et Holw. II III — Cypripedium pubescens Willd.

Alismaceae.

Aecidium incarceratum Berk. et Br. — Sagittaria sagittaefolia L.
Uredo Alismatis Thüm. — Alisma Plantago L.
Puccinia Sagittariae Rabh. III — Sagittaria sagittaefolia L.

Dicotyleae.

Cupuliferae.

Uredo Quercus (Brond.) — Quercus pedunculata Ehrh., virens, Ilex L.
Cronartium asclepiadeum (Willd.) var. quercinum B. et C. — Quercus nigra, tinctoria.

Betulaceae.

Melampsora betulina (Pers.) II III — Betula alba L., pubescens Ehrh., humilis Schrank, odorata Bechst., nana L.
Melampsora Carpini (Nees) II III — Carpinus Betulus L.
Melampsora Alni Thüm. II — Alnus viridis DC.

Salicaceae.

Melampsora Caprearum (DC.) (I) II III — Salix aurita L., cinerea L., Capraea L., Cutleri Tuckerm., dasyclados, discolor Mühlb., humilis Marsh., phlomoides Bieberst., phylicifolia L., repens L., reticulala L., rosmarinifolia L., tristis Ait. (Das Aec. auf Evonymus.)
Melampsora Hartigii Thüm. (I) II III — Salix acutifolia Willd., cordata Mühlb., daphnoides Vill., mollissima Ehrh., nigra Marsh., (Das Aecidium auf Ribes.)
Melampsora Bigelowii Thüm. II — Salix Bigelowii Ait.
Melampsora epitea (Kze et Schm.) II III — Salix alba L., Helix L., incana Schrnk., lanata L., lanceolata Fr., monandra Hoffm., nigricans Wahlb., purpurea L., retusa L., rubra Huds., silesiaca L.
Melampsora mixta (Dub.) II III — Salix capensis Thunb., hastata L., Lapponum, longifolia Mühlb., purpurea L., pyrolaefolia Ledeb., repens L., silesiaca L., triandra L.
Melampsora Vitellinae (DC.) II III — Salix fragilis L., lucida Mühlb., pentandra L., vitellina L.
Melampsora Castagnei Thüm. II — Salix amygdalina L., cuspidata Schultz., triandra L.

Noch unbekannt ist die Zugehörigkeit der Melampsoren, welche angegeben werden auf Salix ambigua Ehrh., glabra Scop., glauca L., grandifolia Seringe, herbacea L., Humboldtiana, lanuginosa Fr., myrtilloides Sm., Russelinia, stipularis Sm., undulata Ehrh, viridis Fr.

Melampsora aecidioides (DC.) II III — Populus alba L., canescens Sm.

Melampsora Balsamifera Thüm. — Populus suaveolens Fisch., balsamifera L., laurifolia Ledeb.

Melampsora Medusae Thüm. — Populus Medusa.

Melampsora populina Jacq. (I) II III — Populus alba L., angulata, canescens Sm., monilifera Ait., nigra L., pyramidalis Roz. tremuloides u. a. (Hierher scheint als Aecidium Caeoma Allii ursini wenigstens z. T. zu gehören. Plowright zieht (Grevillea XI p. 118) das Aec. auf Clematis Vitalba zu dieser Art.)

Melampsora Tremulae Tul. (I) II III — Populus tremula L. (Als Aecidiumformen werden angegeben Caeoma Mercurialis perennis von Rostrup., Caeoma pinitorquum von De Bary, Caeoma Laricis von Hartig.)

Urticaceae.

Aecidium zu Puccinia Caricis (Schum.) — Urtica urens L., dioica L., pilulifera L., gracilis Ait., cannabina L. (= *Aecidium Urticae Schum.*)

Aecidium Urticae Schum. var. Himalajense — Urtica parviflora gehört möglicherweise einer anderen Species als Aecidienform an.

Puccinia Urticae Berk. — Urtica parviflora.

Moraceae.

Uredo Maclurae Speg. — Maclura mora.

Uredo Citri Cke. — Maclura aurantiaca.

Artocarpeae.

Uredo Ficus Cast. — Ficus carica L.

Uredo Ficus Cast. var. guarapiensis Speg. — Ficus ibabohy.

Uredo ficicola Speg. — Ficus sp.

Polygonaceae.

Aecidium rubellum Gmel. — Rumex conglomeratus Murr., obtusifolius L., crispus L., Hydrolapathum Huds., cordifolius Hornem., Ecklonianus Meissn., aquaticus L., acutus L., Acetosa L., alpinus L.; Rheum undulatum L., officinale u. a. Dieses Aec. gehört wie es scheint sowohl zu Pucc. Magnusiana als zu Pucc. Phragmitis.

Aecidium politum Berk. (Roestelia p.) — Mühlenbeckia Cunninghamii.

Uromyces Chorizanthis E. et Hk. II III — Chorizanthe pungens.

Uromyces Rumicis (Schum.) II III — Rumex maritimus L., palustris Sm., conglomeratus Murr., sanguineus L., nemorosus Schrad., obtusifolius L., crispus L., Patientia L., Hydrolapathum Huds., maximus Schreb., aquaticus L., cordatus, Fischeri, pulcher L.
Uromyces alpinus Schröt. II III — Rumex alpinus L.
Uromyces Acetosae Schröt. I II III — Rumex Acetosa L., Acetosella L., arifolius All.
Uromyces Polygoni (Pers.) I II III — Rumex Acetosella L.; Polygonum aviculare L., dumetorum L., erectum L., ramosissimum, virginianum, Bellardi All.
Puccinia (Lepto-) ornata Arth. et Holw. — Rumex britannica L.
Puccinia dissiliens Cke. — Rumex.
Puccinia Acetosae (Schum.) II III — Rumex arifolius All., Acetosa L., Acetosella L.
Puccinia Rumicis scutati (DC.) II III — Rumex scutatus L.
Puccinia mammillata Schröt. II III — Polygonum Bistorta L., viviparum L.
Puccinia Bistortae (Straufs) II III — Polygonum Bistorta L., viviparum L.
Puccinia Polygoni amphibii Pers. II III — Polygonum amphibium L., Hartwrightii Gray, Muchlenbergii Wats., lapathifolium L., virginicum, wahrscheinlich auch auf P. coccineum.
Puccinia Polygoni Alb. et Schw. II III — Polygonum Convolvulus L., dumetorum L., alpinum All., lapathifolium L., Persicaria L., pallidum Wth., acre, virginicum, pensylvanicum. (Pucc. Polygoni pensylvanici Schw. ist wohl hiervon nicht verschieden.)
Puccinia Oxyriae Fuck. II III — Oxyria digyna Campd., reniformis.

Chenopodiaceae.

Aecidium Suaedae Thüm. — Suaeda vera Forsk.
Aecidium Sarcobati Peck. — Sarcobatus vermiculatus.
Uromyces Salsolae Reichart — Salsola Soda L.
Uromyces Schanginuae Thüm. II III — Schanginia baccata Mocq. Tand., hortensis Macq. Tand.
Uromyces Chenopodii fruticosi (DC.) I II III — Chenopodium fruticosum.
Uromyces Salicorniae (DC.) I II III — Salicornia herbacea L.
Uromyces Betae (Pers.) I II III — Beta vulgaris L., Cicla L., maritima L., Rapa Dum.

Amarantaceae.

Aecidium Bonariense Speg. — Iresine celosioides.

Uromyces platensis Spey. III — Mogiphanes glauca.
Uromyces macropoda Spey. II III — Iresine celosioides. (Ob Aec. Bonariense hierzu gehört, ist ungewifs, da beide nie gemeinschaftlich gefunden wurden.)
Uromyces Bonäarensis Spey. II III — Gomphrena elegans, gracilis.
Coleosporium Deeringiae Pat. — Deeringia amherstiana Wall.

Phytolaccaceae.
Aecidium Rivinae B. et C. — Rivina octandra.

Nyctaginaceae.
Aecidium Bougainvilleae Spey. — Bougainvillea stipitata.

Caryophyllaceae.
Aecidium Cerastii Wint. — Cerastium nutans Raff.
Uromyces sparsus (Kze. et Schm.) — II III Lepigonum medium Wahlb., rubrum Wahlb.
Uromyces verruculosus Schröt. II III — Melandryum album Gcke. Cucubalus baccifer L.
Uromyces cristatus Schröt. et Niessl. II III — Viscaria vulgaris Röhl.; Dianthus Armeria L.
Uromyces caryophyllinus (Schrnk.) II III — Gypsophila paniculata L.; Dianthus profiler L., Caryophyllus L., superbus L.
Uromyces Behenis (DC.) I III — Silene inflata Sm., Otites Sm., chlorantha Ehrh., multiflora Ehrh., italica Pers., alpina Thom.
Uromyces inaequialtus Lasch I II III — Silene nutans L.; Dianthus Armeria L.
Puccinia (Lepto-) Arenariae (Schum.) — Auf vielen Arten von Dianthus, Lychnis, Silene, Sagina, Agrostemma, Spergula, Alsine, Möhringia, Arenaria, Stellaria, Malachium, Cerastium, Saponaria, Corrigiola, Herniaria.
Puccinia Silenes Schröt. I II III — Silene inflata Sm., repens Patr. var. angustifolia Turcz., capensis Ott.; Dianthus barbatus L.; Melandryum album Gcke.
Melampsora Cerastii (Pers.) II III — Stellaria nemorum L., media Vill., Holostea L., glauca With., graminea L., uliginosa Murr. palustris; Cerastium triviale Lk., arvense L.; Alsine tenuiflora Wahlb.

Portulacaceae.
Aecidium Claytoniatum Schw. — Claytonia caroliniana.
Uromyces unitus Peck — Calandrinia Leana.

Uromyces Spargueae Hk. I II III — Sparguea umbellata.
Puccinia Claytoniae Thüm. — Claytonia arctica Adans.

Lauraceae.
Melampsora nesodaphnes B. et Br. — Nesodaphne obtusifolia.

Berberidaceae.
Aecidium zu Puccinia Graminis Pers. — Berberisarten; Mahonia (= Aecidium Berberidis Gmel.)
Aecidium graveolens Schuttlew. — Berberis vulgaris L.
Aecidium Magelhaenicum Berk. — Berberis vulgaris L.
Uromyces sanguineus Peck III — Mahonia aquifolium Nutt.
Puccinia mirabilissima Peck II III — Berberis repens.
Puccinia Berberidis Mont. I III — Berberis spinulosa, glauca; Mahonia aquifolium Nutt.
Puccinia Podophylli Schw. I III — Podophyllum peltatum L.

Anonaceae.
Puccinia Popowiae Cke. I II III — Popowia caffra.

Ranunculaceae.
Aecidium zu Uromyces Poae Rabh. — Ranunculus repens L.; Ficaria verna Huds.
Aecidium zu Uromyces Dactylidis Otth — Ranunculus acris L., polyanthemos L., repens L., bulbosus L., auricomus L., aconitifolius L., lanuginosus L., Lingua L.
Aecidium zu Puccinia perplexans Plowr. — Ranunculus acer L.
Auf Ranunculus repens L. und R. bulbosus L. kommt auch das Aecidium einer der Pragmites- bewohnenden Puccinien vor.
Aecidium Ranunculacearum DC. — Ranunculus reptans L., cassubicus L., nemorosus DC., Philonotis Ehrh., flammula L., cymbalaria Pursh., rivularis, inundatus, platanifolius L.?, Gouani; Anemone dichotoma L., pensylvanica; Isopyrum biternatum Torr. et Gray.
Aecidium Ranunculi Schw. — Ranunculus abortivus L.
Aecidium punctatum Pers. — Anemone ranunculoides L., acutiloba Laws., nemorosa L., coronaria u. a., Eranthis hiemalis Salisb.
Aecidium Hepaticae Beck — Hepatica tribola Gil.
Aecidium Thalictri flavi (DC.) — Thalictrum aquilegifolium L., Cornuti L., minus L., flavum L., angustifolium L., majus Jacq.,

dioicum L., foetidum L., flexuosum Bernh., alpinum L., anemonoides Mchx., alpinum L., pupurascens L.

Aecidium Sommerfeltii Johans. — Thalictrum alpinum L.

Aecidium urceolatum Cke. — Thalictrum.

Aecidium Clematidis DC. — Clematis recta L., Vitalba L., Viticella L., integrifolia L., flammula, angustifolia, virginica L., Douglasii (vergl. Melamps. populina).

Aecidium cimicifugatum Schw. — Cimicifuga foetida L., racemosa.

Aecidium Actaeae Wallr. — Actaea spicata L., alba L.

Aecidium Callianthemi Beck — Callianthemum anemonoides Rchb.

Aecidium Isopyri — Isopyrum thalictroides L.

Aecidium Aconiti Napelli (DC.) — Aconitum Napellus L.

Aecidium Aquilegiae Pers. — Aquilegia vulgaris L., Haenkeana Koch, atrata Koch, pyrenaica DC., nigricans Lof., Sternbergii, glandulosa.

Caeoma Martianoffianum Thüm. — Delphinium intermedium DC. gehört wohl als Uredo zu einem Coleosporium.

Uredo Clematidis Berk. — Clematis microphylla, brachiata.

Uromyces Jonesii Peck — Ranunculus.

Uromyces Ficariae (Schum.) III — Ficaria verna Huds.

Uromyces Aconiti Lycoctoni (DC.) I III — Aconitum Lycoctonum L., septentrionale Köll.

Puccinia (Lepto-) Anemones virginianae Schw. — Atragene alpina L.; Anemone montana Hoppe, alpina L., silvestris L., virginiana L., cylindrica Gray.

Puccinia Atragenes Hausm. III — Atragene alpina L.

Puccinia Schelliana Thüm. — Anemone narcissiflora L.

Puccinia Ranunculi Seym. III — Ranunculus repens L.

Puccinia gibberulosa Schröt. III — Ranunculus sp.

Puccinia Martianoffiana Thüm. III — Paeonia anomala L.

Puccinia rhytiomoides Johans. III — Thalictrum alpinum L.

Puccinia Thalictri Chev. III — Thalictrum flavum L., minus L., aquilegifolium L., dioicum L., Cornuti L., foetidum L., elatum.

Puccinia Castagnei Schröt. — Thalictrum angustifolium.

Puccinia stromatica B. et C. — Clematis.

Puccinia fusca (Relh.) I III — Anemone nemorosa L., silvestris L., ranunculoides L., |trifolia L., patens L. var. Nuttaliana Gray, quinquefolia; Pulsatilla vernalis Mill., pratensis Mill., vulgaris Mill., grandis Wend., nigricans Störck., montana; Helleborus viridis L.

Puccinia Trollii Karst. I III — Trollius europaeus L.; Aconitum Lycoctonum L.; Ranunculus acer L.? auricomus L.?
Puccinia Calthae Lk. I II III — Caltha palustris L.; Ficaria verna Huds.
Puccinia Zopfii Wint. I II III — Caltha palustris L., loptocephala*).
Triphragmium Isopyri Mougeot — Isopyrum.
Cronartium flaccidum (Alb. et Schw.) II III — Paeonia officinalis L., anomala L., tenuifolia L., corallina Retz, edulis Retz, Broterii Boiss. et Reut., sinensis.
Coleosporium Pulsatillae (Straufs) II III — Pulsatilla vulgaris Mill., pratensis Mill., grandis Wend., patens Mill.
Coleosporium Aconiti Thüm. II III — Aconitum barbatum Patr.
Coleosporium cimicifugatum Thüm. — Cimicifuga foetida L.

Nymphaeaceae.

Aecidium Nymphoidis DC. — Nuphar luteum Sm.?; Nymphaea alba L.?

Papaveraceae.

Caeoma Chelidonii Mayn. — Chelidonium majus L.

Fumariaceae.

Aecidium Dicentrae Burr. et Seym. — Dicentra cucullaria.
Caeoma Fumariae Lk. — Corydalis cava S. et K., fabacea Pers.
Puccinia Brandegei Peck III — Corydalis Brandegei.

Cruciferae.

Aecidium monoicum Peck — Arabis retrofracta.
Aecidium auriellum Peck — Cheiranthus Menziezii.
Aecidium Nasturtii Hazslinszky — Nasturtium.

Als Aec. Bunii DC. findet sich auf Bunias Erucago ein Aecidium angegeben. Diese Angabe beruht auf einem Irrtum, da Aec. Bunii DC. das Aecidium einer auf Umbelliferen vorkommenden Puccinia ist.

Uromyces coralloides Rostr. — Turritis glabra L.
Puccinia (Lepto-) Thlaspeos Schubert — Thlaspi alpestre L., montanum L., calaminare Lej.; Arabis hirsuta Scop., Thaliana L. — (*Pucc. Thlaspidis Vuillem.* dürfte kaum hiervon verschieden sein.)

---

*) Amerikanische Exemplare auf C leptocephala, von Dr. Pammel gesammelt, unterscheiden sich von der auf C palustris vorkommenden typischen Form durch die durchschnittlich etwas geringere Gröfse, namentlich aber durch die helle Färbung der Membran ihrer Teleutosporen.

Puccinia Drabae Rud. III — Draba aizoides L., alpina, incana.
Puccinia Dentariae (Alb. et Schw.) III — Dentaria bulbifera L., enneaphyllos; Matthiola nudicaulis Trautv.
Puccinia Cruciferarum Rud. III — Cardamine resedifolia L., alpina Willd., bellidifolia; Hutchinsia alpina R. Br, brevicaulis Hoppe.
Puccinia Cheiranthi Ell. et Ev. III — Cheiranthus pygmaeus.
Puccinia Lepidii Thüm. — Lepidium latifolium L.
Puccinia rostrata Cke. — versch. Cruciferen.
Puccinia Barbaraeae (DC.) Cke. I III — Barbaraea arcuata Rabh., praecox R. Br.

Capparidaceae.
Aecidium Isomerinum Peck — Isomeris.
Cronartium Capparidis Hobs. — Capparis.

Violaceae.
Aecidium pedatatum Schw. — Viola pedata.
Aecidium depauperans Vize — Viola cornuta.
Uredo alpestris Schröt. — Viola biflora L.
Puccinia Fergussoni Berk. et Br. III — Viola palustris L., epipsila Ledeb. u. deren Bastard, suecica Fr.
Puccinia alpina Fuck. III — Viola biflora L.
Puccinia Mariae Wilsoni Peck I III — Viola delphinifolia Nutt., cucullata Ait.; Claytonia virginica?
Puccinia aegra Grove I II III — Viola hederacea und auf kultivierten Veilchen.
Puccinia Violae (Schum.) I II III — Viola alba Bess., ambigua W. Kern., arenaria DC., austriaca W. Kern., blanda Willd., calcarata L., canadensis L., canina L., collina Bess., cornuta, cucullata Ait., delphinifolia Nutt., elatior Fr., hastata, hirta L., lanceolata, mirabilis L., odorata L., palustris L., palmata, Patrini L., pedata L., pinnata L., pratensis M. et K., pubescens Ait., renifolia, rotundifolia, sciaphila Koch, silvestris Lam. striata, stricta Hornem., tricolor L.

Hypericaceae.
Uromyces Hyperici frondosi (Schw.) I II III — Hypericum frondosum Michx., corymbosum L., pyramidatum Ait., mutilum L.; Elodes virginica Nutt.

(Farlow vereinigt hiermit *Urom. triquetra Cke.*, während Peck diese Art beibehält.)

Melampsora Hypericorum (*DC.*) II III — Hypericum perforatum L., humifusum L., quadrangulum L., montanum L., hirsutum L., pulchrum L., Ascyron L., attenuatum Chois., aethiopicum; Androsaemum officinale All.

Frankeniaceae.
Puccinia pulvinata Rud. II III — Frankenia pulverulenta L.

Tamaricaceae.
Puccinia Thuemeniana Voss I II III — Myricaria germanica Desv.

Malvaceae.
Aecidium Hibisciatum Schw. — Hibiscus grandiflorus Michx., militaris, moschatus.
Aecidium Napaeae A. et Holw. — Napaea dioica L.
Aecidium Callirhoes E. et K. — Callirrhoe involucrata.
Aecidium odoratum Wint. — Sida intermedia Cambess.
Aecidium roestelioides Ell. et Ev. — Sidalcea.
Aecidium interveniens Peck (*Roestelia int.*) — Malvastrum Thurberi. (Sollte vielleicht diese Art mit der vorigen, welche der Roestelia lacerata vollkommen gleicht, übereinstimmen?)
Uredo Pirottae Speg. (Uredinula P.) — Modiola prostrata.
Uromyces heterogenis Cke. III — Hibiscus. — Hiermit scheint *Urom. Malvacearum Speg.* auf Abutilon mendozinum übereinzustimmen. Verschieden davon sind hingegen der Beschreibung nach die beiden folgenden.
Uromyces pictus Thüm. III — Abutilon elaeocarpioides Wilb.
Uromyces Sidae Thüm. III — Sida spinosa L.

Möglicherweise gehört die eine oder andere dieser Arten als einzellige Form zu Pucc. heterospora.

Puccinia (Lepto-) Malvacearum Mont. — auf zahlreichen Arten von Malva, Althaea, Lavatera, Malope, Malvastrum, Kitaibelia, Modiola.
Puccinia Malvacearum var. Ayajuchensis Speg. — Abutilon pedunculare; Sida sulphurea.
Puccinia (Lepto-) Malvastri Peck — Malvastrum; Althaea rosea Cav.; Callirhoe.
Puccinia (Lepto-) heterospora B. et Curt. — Sida supina, physocalyx, humilis, spinosa, hirsuta, rhombifolia; Abutilon Texense, crispum, Bolandieri, Avicennae, sedoides, villiferum, parvulum; Anoda, hastata; Malvaviscus Drummondii; Urena; Gaya subtriloba.

Puccinia lobata B. et C. — Sida lepidota.
Puccinia malvicola Speg. II III — Abutilon.
Puccinia carbonacea K. et C. II III — Abutilon sp.; Sida rhombifolia.
Coleosporium? pallidulum Speg. II — auf einer nicht näher bestimmten Malvacee.

Geraniaceae.

Aecidium Pelargonii Thüm. — Pelargonium.
Uredo Pelargonii Thüm. — Pelargonium alchemilloides.
Uromyces Geranii (DC.) I II III — Geranium aconitifolium L'Herit., columbinum L., dissectum L., maculatum L., molle L., nodosum L., palustre L., phaeum L., pratense L., pyrenaicum L., pusillum L., Robertianum L., rotundifolium L., ruthenicum L., sanguineum L, silvaticum L.
Puccinia Morthieri Körn. III — Geranium silvaticum L., macrorrhizum L.
Puccinia Geranii silvatici Karst. III — Geranium silvaticum L.
Puccinia Kirghisica Thüm. — Geranium pratense L.
Puccinia Geranii Cda. III — Geranium Robertianum L., pyrenaicum L.
Puccinia granularis K. et C. — Pelargonium.

Tropaeolaceae.

Uredo Tropaeoli Desm. — Tropaeolum aduncum.

Oxalidaceae.

Aecidium Oxalidis Thüm. — Oxalis violacea L., Bowei Lodd.
Uredo Oxalidearum Cke. — Oxalis corniculata L., martiana.
Uromyces Oxalidis Lév. I III — Oxalis corniculata L.

Linaceae.

Melampsora Lini (Pers.) II III — Linum catharticum L., usitatissimum L., narbonense L., alpinum Jacq., nodiflorum L., perenne L., Loreyi, austriacum L.

Balsaminaceae.

Aecidium impatientatum Schw. — Impatiens fulva Nutt., pallida Nutt., maculata.
Uredo Balsaminae Cke. — Balsamine rosmarinifolia.
Puccinia argentata (Schultz) II III — Impatiens Noli tangere L., fulva Nutt., pallida Nutt.
Cronartium Balsaminae Niessl II III — Balsamina hortensis Desp.

Rutaceae.

Aecidium Xanthoxyli Peck — Xanthoxylum americanum Mill.
Puccinia Pilocarpi Cke. III — Pilocarpus Selloanus.
Puccinia Parodii Speg. — Pilocarpus pinnata.
Puccinia Tecleae Nob. — Teclea nobilis DC.

Zygophilaceae.

Uromyces vesiculosa Wint. II III — Zygophyllum ammophilum F. v. Müll.

Anacardiaceae.

Uredo rhombica Speg. — Astronium juglandifolium.
Uromyces effusus Peck (Pileolaria eff.) III — Rhus (wahrscheinlich aromatica oder triloba.)
Uromyces Terebinthi (DC.) II III — Pistacia Terebinthus L.; Rhus toxicodendron L.
Uromyces punctato-striatus Cke. et Hark. II III — Rhus.
Uromyces Toxicodendri Berk. et Rav. II III — Rhus toxicodendron L.

Sapindaceae (incl. Hippocastaneae).

Aecidium Cardiospermi Cke. — Cardiospermum microcarpum.
Aecidium Aesculi E. et K. — Aesculus glabra.
Uredo cristata Speg. — auf einer nicht näher bestimmten Sapindacee.
Uromyces (Lepturom.) perrius Speg. III — Cupania.
Puccinia Arechavalatae Speg. III — Cardiospermum velutinum; Cupania sp. — Einzellige Sporen bisweilen überwiegend.
Gymnosporangium (?) guaraniticum Speg. — Cupania sp.

Aceraceae.

Puccinia Acerum Lk. III — Acer Pseudoplatanus L., dasycarpum Ehrh., etc.

Malpighiaceae.

Puccinia insueta Wint. II III — Stigmaphyllon littorale A. Juss.
Puccinia Heteropteridis Thüm. — Heteropteris angustifolia, glabra.

Polygaleae.

Aecidium polygalium Peck — Polygala senega L.
Uredo Polygalae K. — Polygala Ohlendorfiana E. et J.
Uredo peribebuyensis Speg. — Monnina.

Celastraceae.

Aecidium zu Melampsora Caprearum DC. — Evonymus europaeus L. (= Caeoma Evonymi Gmel.)

Ampelidacae.
Aecidium Cissi Wint. — Cissus syciaefolius.
Uredo Vitis Thüm. — Vitis vinifera L.
Puccinia incarcerata Lév. — Cissus.

Rhamnaceae.
Aecidium zu Pucc. coronata Cda. — Rhamnus cathartica L., alpina L., lanceolata Pursh., Frangula L., alnifolia L'Hér., prinoides L'Hér. (= *Aecid. Rhamni Gmel.*)
Aecidium zu Pucc. Sesleriae Reich. — Rhamnus saxatilis Jacq.
Aecidium Ceanothi E. et K. — Ceanothus ovalis.
Aecidium Discariae Cke. — Discaria.
Aecidium pulcherrimum Rav. — Berchemia.
Uredo Spyridii Cke. et Mass. — Spyridium parvifolium.
Puccinia digitata Ell. et Hark. III — Rhamnus crocea.
Puccinia Mesnieriana Thüm. — Rhamnus Alaternus.

Euphorbiaceae.
Aecidium zu Melampsora Tremulae Tul. — Mercurialis perennis L., ovata Sternb. annua L. (= *Caeoma Mercurialis perennis (Pers.)*).
Aecidium zu Uromyces Pisi (Pers.) — Euphorbia Cyparissias L. Esula L. (= *Aecidium Euphorbiae Gmel p. p.*)
Aecidium zu Uromyces striatus Schröt. — Euphorbia Cyparissias L. (= *Aec. Euphorbiae Gmel p. p.*)
Aecidium lobatum Körn. — Euphorbia Cyparissias L.
Aecidium Euphorbiae Gmel. — Euphorbia dulcis L., verrucosa Lam., Gerardiana Jacq., virgata W. K., lucida W. K., Seguieri All., polygonifolia, hypericifolia L., maculata L., platyphylla, commutata Engelm., u. a.
Aecidium Pammelii Trel. — Euphorbia corollata L.
Aecidium tordillense Speg. — Euphorbia serpens.
Aecidium Crotonopsidis Burr. et Seym. — Crotonopsis linearis.
Aecidium splendens Wint. — Croton monanthogynus Mchx. (= Aec. Crotonopsidis?)
Aecidium detritum Thüm. — Phyllanthus Sellowianus Mill.
Uredo tordillensis Speg. — Euphorbia hypericifolia L., repens.
Uredo Ricini Bernh. (Caeoma R. Schlecht.) — Ricinus communis L., spectabilis Blume.
Uredo Janiphae Wint. — Janipha Manihot.
Uredo Sebastianae Wint. — Sebastiana sp.

Uromyces Cluytiae K. et C. II III — Cluytia pulchella.
Uromyces Cisneroanus Speg. — Excaecaria biglandulosa; Sapium aucuparium.
Uromyces scutellatus (Schrank) II III — Euphorbia verrucosa Lam., palustris L., Gerardiana Jacq., pannonica Host., Cyparissias L., Esula L., virgata W. K., lucida W. K., nicaeensis All., amygdaloides L., dulcis Jacq. Peplus L. (?) hypericifolia, collina, Seguieri All.
Uromyces tuberculatus (Fuck.) II III — Euphorbia exigua L.
Uromyces proeminens (DC.) — Euphorbia Chamaesyce, inaequilatera.
Uromyces Euphorbiae (Schw.) I II III — Euphorbia maculata L., hypericifolia L., humistrata Engelm., glyptosperma Engelm., heterophylla L., bicolor, dentata, obtusifolia (?). Hiermit identisch scheint nach Winter *Urom. pulvinatus* K. et Cke. auf Euphorbia inaequilatera u. a.)
—— var. minor Arth. — Euphorbia marginata Pursh.
Puccinia Tragiae Cke. I II III — Tragia.
Melampsora Helioscopiae (Pers.) II III — Euphorbia amygdaloides L., angulata Jacq., Cyparissias L., dulcis L., Esula L., exigua L., falcata L., Gerardiana Jacq., helioscopia L., lucida W. K., palustris L., Peplus L., pilosa L., platyphyllos L., procera M. B., prunifolia Jacq., saxatilis Lam., salicifolia Host., stricta L., verrucosa Lam., virgata W. K.
Melampsora Crotonis (Cke.) Burr. II III — Croton capitatus, glandulosus L., monanthogynus Mchx., procumbens; Crotonopsis linearis.
Melampsora stratosa Cke. — Croton silvaticus ist wohl nur als Synonym zu voriger Art anzusehen.
Endophyllum Euphorbiae silvaticae (DC.) — Euphorbia amygdaloides L.

Buxaceae.

Uromyces ambiens Cke. — Buxus sempervirens L.
Puccinia (Lepto-) Buxi DC. — Buxus sempervirens L.

Empetraceae.

Caeoma Empetri (Pers.) — Empetrum nigrum L.

Umbelliferae.

Aecidium Seseli Niessl — Seseli glaucum Jacq., Laserpitium Siler L.
Aecidium Sii latifolii (Fiedler) — Sium latifolium L., lineare Michx.
Aecidium Mei Schröt. — Meum Mutellina Gärtn., athamanticum Jacq.

Aecidium Pastinacae Rostr. — Pastinaca sativa L.
Aecidium Foeniculi Cast. — Foeniculum.
Aecidium Libanotidis Thüm. — Phloiodocarpus dahuricus Turcz.
Aecidium Ligustici Ell. et Ev. — Ligusticum Scoticum.
Aecidium Angelicae Rostr. — Angelica silvestris L. gehört möglicherweise zu Pucc. Angelicae (Schum.)
Aecidium albilabrum K. — Alepidea anatymbica F. et J., ciliaris La Rosch.
Caeoma Aegopodii (Rebent.) — Aegopodium Podagraria L.; Chaerophyllum aromaticum L.
Uredo Bonariensis Speg. — Hydrocotyle Bonariensis. (Spegazzini trennt diese Form von der Uredo von Pucc. Hydrocotyles, der sie sehr nahe steht.)
Uromyces Polemanniae K. et C. — Polemannia grossulariaefolia.
Uromyces papillatus K. et C. II III — Heteromorpha arborescens. Cham. et Schlechtd.
Uromyces? hemisphaericus Speg. — Bowlesia tenera.
Uromyces pluriannulatus Berk. et Curt. — Sanicula?
Puccinia Cryptotaeniae Peck III — Cryptotaenia canadensis DC.
Puccinia enormis Fuck. III — Chaerophyllum Villarsii; Astrantia major L. (= Pucc. Astrantiae Kalchb. nach Schröter.)
Puccinia Aegopodii (Schum.) III — Aegopodium Podagraria L.: Astrantia major L.?; Imperatoria Ostruthium L.; **Malabaila Haquetii Tsch.**
Puccinia Anthrisci Thüm. — Anthriscus. (= Pucc. Pimpinellae?)
Puccinia Sisyrinchii Mont. — Sisyrinchium. (wird auch als Urom. Sisyr. angegeben.)
Puccinia Oreoselini (Straufs) II III — Peucedanum Oreoselinum Mönch., alsaticum L.; Seseli coloratum Ehrh.
Puccinia bullata (Pers.) II III — Aethusa; Anethum; Apium; Archangelica; Cnidium; Conium; Imperatoria?; Laserpitium; Libanotis; Petroselinum; Peucedanum; Selinum; Seseli; Silaus; Thysselinum.
Puccinia Cicutae majoris (DC.) II III — Cicuta virosa L.
Puccinia Hydrocotyles (Lk.) I? II III — Hydrocotyle vulgaris L., modesta, batrachoides, Poeppigii, Bonariensis. (Als Aecidium gehört hierzu wie es scheint das *Aecidiolum Hydrocotylis Speg.* auf Hydroc Bonariensis.)
Puccinia Angelicae (Schum.) I? II III — Angelica silvestris L.

Puccinia Bunii (DC.) I III — Carum bulbocastanum Koch; Oenanthe Lachenalii Gmel.; Daucus Carota L.
Puccinia Falcariae (Pers.) I III — Falcaria Rivini Host.
Puccinia asperior Ell. et Er. I III — Ferula dissoluta.
Puccinia Jonesii Peck I III — Ferula multifida; Peucedanum simplex, Sucksdorfii.
Puccinia carniolica Voss I III — Peucedanum Schottii.
Puccinia tumida Grev. — Peucedanum parisiense DC.*)
Puccinia Smyrnii Cda. I III — Smyrnium olusatrum L.
Puccinia Ferulae Rud. I II III — Ferulago galbanifera Koch.
Puccinia Bupleuri falcati (DC.) I II III — Bupleurum tenuissimum L., falcatum L., rotundifolium L., longifolium L., Gerardi Jacq., stellatum L., protractum Lk. et H.
Puccinia Pimpinellae (Straufs) I II III — Anthriscus; Athamanta; Chaerophyllum; Heracleum; Myrrhis; Ostericum; Osmorrhiza; Pimpinella; Siler; Tommasinia; Trinia; Cicuta maculata L.
—— *forma Eryngii DC.* — Eryngium campestre L.
Puccinia Saniculae Grer. I II III — Sanicula europaea L., Menziesii.
Triphragmium echinatum Lév. III — Meum athamanticum Jacq., Mutellina Gärtn.

Araliaceae.
Aecidium Cussoniae K. — Cussonia spicata Thunb.
Triphragmium clavellosum Berk. III — Aralia nudicaulis L.

Cornaceae.
Puccinia porphyrogenita Curt. — Cornus canadensis L.

Crassulaceae.
Puccinia Sedi Körn. III — Sedum elegans Lej.
Puccinia exanthematica Mac Ow. III — Crassula sp.
Puccinia Rhodiolae Berk. et Br. — Rhodiola rosea L.
Puccinia Umbilici Guep. — Cotyledon umbilicus, pendulus.
Endophyllum Sedi (DC.) — Sedum maximum Sut., acre L., boloniense Loisl., sexangulare L., reflexum L., purpurascens Koch.
Endophyllum Sempervivi (Alb. et Schn.) — Sempervivum tectorum L., montanum L., hirtum L., soboliferum Sims.

Saxifragaceae.
Aecidium gracilens Peck — Philadelphus microphyllus.

---

*) Von den hier aufgeführten 4 Arten auf Peucedanum und Ferula wird wohl bei genauer Vergleichung die eine oder die andere einzuziehen sein.

Aecidium Hydrangeae Pat. — Hydrangea Davidii Franch.
Aecidium Saxifragae Thüm. — Saxifraga sibirica L.
Aecidium Grossulariae DC. — Ribes rotundifolium Mchx., floribundum L'Hér., cynosbati L., aureum Pursh., rubrum L., prostratum, nigrum L., alpinum L., Grossularia L., floridum L., gracile Michx.
Aecidium zu Melamps. Hartigii Thüm. — Ribes alpinum L., rubrum L., purpureum L., atropurpureum C. A. Mey, Grossularia L., nigrum L. (= *Caeoma Ribesii Lk.*)
Caeoma Saxifragae (Straufs) — Saxifraga aizoides L., muscoides Wulf., moschata Wulf., granulata L., hypnoides L., oppositofolia L., caespitosa Auct.
Uredo Hydrangeae Seym. — Hydrangea arborescens.
Uredo Jonesii Peck — Ribes.
Uromyces Parnassiae (Schlechtd.) Schröt. I II III — Parnassia palustris L.
Puccinia (Lepto-) Chrysosplenii Grev. — Crysosplenium alternifolium L., oppositifolium L.
Puccinia Saxifragae Schlechtd. III — Saxifraga aizoon Jacq., mutata L., aizoides L., granulata L., rotundifolia L., longifolia Lapeyr., muscoides Wulf., stellaris L., nivalis L., virginiensis pensylvanica, oppositifolia L.
Puccinia Ribis DC. III — Ribes Grossularia u. a.
Puccinia congregata Ell. et Hk. III — Heuchera micrantha, cylindrica; Mitella nuda L.
Puccinia spreta Peck — Mitella.
Puccinia Tiarellae Berk. et Curt. III — Tiarella; Mitella diphylla L., nuda L.
Puccinia Heucherae (Schwo.) — Heuchera americana, villosa.
Puccinia Adoxae DC. I II III — Adoxa moschatellina L.
Melampsora vernalis Niessl III — Saxifraga granulata L.
Cronartium ribicolum Dietr. II III — Ribes nigrum L., rubrum L., aureum Pursh.

Hamamelidaceae.

Melampsora Liquidambaris Cke. — Liquidambar.

Loasaceae.

Aecidium Rhederianum Magn. — Loasa aurantiaca, papaverifolia.

Onagraceae.
Aecidium Oenotherae Mont. — Oenothera biennis L., tenella, serrulata Nutt.
Aecidium Circaeae Ces. — Circaea lutetiana L., alpina L.
Aecidium Gayophyti Vize — Gayophytum ramosissimum.
Aecidium gaurinum und Uredo gaurina Peck — Gaura coccinea.
Uromyces intricata Cke. — Gayophytum.
Uromyces plumbarius Peck — Oenothera caespitosa.
Uromyces Oenotherae Burr. et Seym. II III — Oenothera linifolia.
Puccinia (Lepto-) Circaeae Pers. — Circaea lutetiana L., alpina L., intermedia Ehrh.
Puccinia (Lepto-) gigantea Karst. — Epilobium angustifolium L.
Puccinia Gayophyti Peck III — Gayophytum.
Puccinia Oenotherae Vize — Oenothera densiflora.
Puccinia Clarkiae Peck — Clarkia pulchella.
Puccinia Boisduvaliae Peck III — Boisduvalia Torreyi.
Puccinia deformans Wint. II III — Montinia acris.
Puccinia Jussieae Speg. I III — Jussiea longifolia.
Puccinia scandica Johans. — Epilobium anagallidifolium.
Puccinia Epilobii tetragoni (DC.) I II III — Epilobium Fleischeri Hochst., hirsutum L., parviflorum Schreb., virgatum Fries, tetragonum L., montanum L., roseum Schreb., origanifolium Lam., palustre L., alpinum L., adnatum, davuricum Fisch.; Ludwigia; Isnardia alternifolia.
Melampsora Epilobii (Pers.) II III — Epilobium angustifolium L., palustre L., tetragonum L., roseum Schreb., spicatum Lmk., coloratum, indicum, virgatum Fries.
Melampsora Circaeae (Schum.) II III — Circaea lutetiana L., alpina L., intermedia Ehrh., canadensis.
Coleosporium Fuchsiae Cke. — Fuchsia excorticata.

Halorhagidaceae.
Aecidium Hippuridis Kze. — Hippuris vulgaris L.
Puccinia Proserpinacae Farl. II III — Proserpinaca palustris L.

Lythraceae.
Aecidium Nesaeae Gerard — Nesaea.
(Aecidium pallidum Schneider, für welches vom Autor Lythrum als Nährpflanze angegeben war, gehört nach einer durch Schröter angestellten Vergleichung des Originalexemplares zu Pucc. Epilobii tetragoni.)

Melastomaceae.

Aecidium Dissotidis Cke. — Dissotis princeps, incana. (Auf letztgenannter Art auch Uredo.)

Myrtaceae.

Uredo neurophila Speg. — Myrtaceen.
Uredo flavidula Wint. — unbestimmte Myrtacee.
Puccinia Psidii Wint. II III — Psidium pomiferum.
Melampsora Eucalypti Rabh. — Eucalyptus.

Thymelaeaceae.

Aecidium hydnoideum Berk. et Curt. — Dirca palustris L.

Rosaceae.

a. Pomeae.

Aecidium zu Gymnosporangium Sabinae (Dicks) — Pirus communis L., Michauxii Bosc., tomentosa DC. (= *Aec. cancellatum (Jacq.)*)

Aecidium zu Gymnosporangium clavariaeforme Jacq. — Crataegus Oxyacantha L., subvillosa Schrad., monogyna Jacq., nigra W. K., melanocarpa Biebst., lobata Bosc., tomentosa L., coccinea L., punctata, Crusgalli, cordata; Pirus Malus L., communis L., angustifolia; Sorbus Aria Crntz., torminalis Crntz., Chamaemespilus Crntz.; Mespilus germanica L.; Amelanchier canadensis Torr. (= *Aec. laceratum Sow.*)

Aecidium zu Gymnosporangium juniperinum (L.) — Sorbus Aucuparia L., Aria Crntz., torminalis Crntz.; Pirus Malus L., americana; Amelanchier canadensis Torr., vulgaris Mnch.; Crataegus; Cydonia vulgaris Pers. (= *Aec. cornutum Gmel.*)

Aecid. zu Gymnosporangium clavipes Cke. et Pck. — Amelanchier canadensis Torr.; Crataegus Crus-galli; Cydonia (= *Aec. aurantiacum Peck.*)

Aecid. zu Gymnosporangium biseptatum Ell. — Amelanchier canadensis Torr. (= *Aec. botryapites Schw.*)

Aecidium zu Gymnosporangium macropus Lk. — Pirus coronaria L. (= *Aec. pyratum (Schw.)*)

Aecidium penicillatum (Müll.) — Sorbus Aucuparia L., Aria Crntz., torminalis Crntz., Chamaemespilus Crntz.; Pirus Malus L., coronaria L.; Amelanchier canadensis Torr. (gehört nach Hartigs Versuchen wenigstens zum Teil zu Gymnosporangium tremelloides.)

Aecidium Mespili DC. — Cotoneaster vulgaris Lindl.; Mespilus germanica L.
Aecidium transformans Ell. — Pirus arbutifolia L., Malus L.
Aecidium hyalinum Cke. — Crataegus.
Melampsora Sorbi (Oudem.) II III — Sorbus Aucuparia L., Aria Crntz., torminalis Crntz.; Pirus Malus L. Auch auf Spiraeeen.

b. Spiraeeae.

Aecidium laceratum (Sow.) — Gillenia stipulacea Nutt. } beide sonst auf Pomeen (siehe
Melampsora Sorbi (Oudem.) — Spiraea aruncus L. } diese).
Triphragmium Ulmariae (Schum.) I II III — Spiraea Ulmaria L.
Triphragmium Filipendulae (Lasch) II III — Spiraea Filipendula L.

c. Potentilleae.

Uromyces Alchemillae (Pers.) II III — Alchemilla vulgaris L., pubescens Biebst., alpina L., montana Willd.
? *Uromyces tomentella Cke.* — Potentilla?
Puccinia Waldsteiniae Curt. — Waldsteinia fragarioides.
Puccinia simplex Peck — Geum.
Phragmidium Fragariae (DC.) I II III — Potentilla alba L., Fragariastrum Ehrh., micrantha Ram., carniolica Kern., opaca L., bifurca L., multifida L., fragarioides L., latifolia Ledeb., verna L., canadensis L., Vaillantii.
Phragmidium Potentillae (Pers.) I II III — Potentilla alpestris Hall. anserina L., argentea L., aurea L., canadensis L., canescens Kauffm., cinerea Chaix., dasyphylla Bunge, desertorum Kze. et Schw., Fragaria Poir., heptaphylla Mill., intermedia L., mixta Nolte, multifida L., opaca L., pensylvanica L., pyrenaica, recta L., strigosa Pall., subacaulis L., supina L., verna L., verticillaris Steph., Wiemanniana Günth.
Phragmidium obtusum (Straufs) I II III — Potentilla silvestris Neck., procumbens Sibth., reptans L., mixta Nolte, gracilis, canadensis L. (Ausnahmsweise auch auf Rubus fruticosus beobachtet.)
Siehe auch Phragm. Rubi!

d. Rubeae.

Caeoma nitens (Schw.) — Rubus villosus Ait., canadensis L., triflorus, occidentalis L.
Uredo lucida Thüm. — Rubus rigidus Sond.
Uredo Muelleri Schröt. (= Uredo aecidioides J. Müll.) — Rubus fruticosus L., u. a.

Puccinia Peckiana Howe III — Rubus arcticus L., villosus, occidentalis L.
Phragmidium Barnardi Plowr. et Wint. II III — Rubus parviflorus.
Phragmidium longissimum Thüm. II III — Rubus rigidus Sond.
Phragmidium Rubi (Pers.) I II III — Rubus fruticosus L., caesius L., saxatilis L., discolor W. N., arcticus L., villosus, Sprengelii Wh., odoratus L. (Wird auch für Fragaria vesca L. angegeben.)
Phragmidium violaceum (Schultz) I II III — Rubus fruticosus L., discolor W. N., bifrons Vest., hirtus W. et K., villicaulis Koehl., thyrsoideus Wimm., sanctus var. laciniatus, corylifolius Sm.
Phragmidium gracile Farl. I II III — Rubus strigosus Michx., Nutkanus.
Phragmidium Rubi Idaei (Pers.) — I II III — Rubus Idaeus L., corylifolius Sm., occidentalis L., strigosus Michx.
Chrysomyxa albida Kühn II III — Rubus fruticosus L., discolor W. N.

c. Roseae.

Phragmidium speciosum (Fr.) I II III — Rosa lucida Ehrh., nitida Willd., parvifolia, blanda Ait.
Phragmidium devastatrix Sorok. II III — Rosa sp.
Phragmidium subcorticium (Schrank) I II III — Rosa agrestis Savi, alba L., arvensis Huds., blanda Ait., canina L., Carolina L., centifolia, cinnamomea L., collina DC., coriifolia Fr., dahurica Pall., gallica L., parviflora, pauciflora, pimpinellifolia DC. rubiginosa L., rubrifolia Vill., scandens Mill., tomentosa Sm., turbinata Ait., volvata u. a.
—— *var. minor Beck* — Rosa pimpinellifolia DC.
Phragmidium tuberculatum J. Müll. I II III — Rosa canina, cinnamomea L.
Phragmidium Rosae alpinae (DC.) I II III — Rosa alpina L. und auf deren Bastarden.

f. Potericae.

Uredo Agrimoniae Eupatoriae (DC.) — Agrimonia Eupatoria L., odorata Aiton, pilosa Ledeb., capensis, dahurica.
Phragmidium Sanguisorbae (DC.) I II III — Sanguisorba minor Scop.
Phragmidium carbonarium (Schlechtd.) I III — Sanguisorba officinalis L., carnea Fisch.

Amygdaleae.
Uredo Castagnei Rav. — Persica vulgaris Mill.

Puccinia Cerasi (Béreng.) II III — Prunus Cerasus L.
Puccinia Pruni spinosae Pers. II III — Persica vulgaris Mill.; Prunus spinosa L., armeniaca L., insititia L., domestica L., virginiana L., americana Marsh., serotina Ehrh.
Melampsora Padi (Kze. et Schum.) II III — Prunus Padus L., virginiana L.

Papilionaceae.

Aecidium album Clint. — Vicia americana Mühlb.
Aecidium porosum Peck — Vicia americana Mühlb., Lathyrus venosus Mühlb.
Aecidium Onobrychidis Burr. et Seym. — Psoralea Onobrychis.
Aecidium resinaecolum (Rud.) — Rafnia amplexicaulis E. Mey.
—— *forma tumefaciens Wint.* — Rafnia angulata Thunb.
Aecidium solenüforme Berk. — Goodia latifolia.
Aecidium amphigenum E. et K. — Baptisia leucophaea.
Aecidium Amorphae Cke. — Amorpha (Zu Pucc. Am. gehörig?)
Uredo Caraganae Thüm. — Caragana arborescens Lam.
Uredo Thermopsidis Thüm. — Thermopsis lanceolata R. Br.
Uredo Hippocrepidis Thüm. — Hippocrepis multisiliquosa L.
Uredo Lathyrellae Speg. — Lathyrus pubescens.
Uredo rufa Speg. — Phaseolus.
Uredo Dorycnopsidis Thüm. — Dorycnopsis Gerardi.
Uromyces (Lepturom.) pallidus Niessl — Cytisus hirsutus L., prostratus Scop., capitatus.
Uromyces hyalinus Peck — Sophora sericea Pursh.
Uromyces sphaeropleum Cke. — Ononis.
Uromyces Anthyllidis (Grev.) II III — Anthyllis Vulneraria L.; Lupinus luteus L., albus L., angustifolius L., digitatus Forsk., varius Desv., u. a.; Ononis spinosa L., repens L.; Trigonella Foenum graecum L.
Uromyces Hedysari paniculati (Schw.) Farl. II III — Desmodium sessilifolium T. et G., canescens DC., strictum DC., paniculatum DC., cuspidatum, canadense, rotundifolium, setigerum Turcz., rhombifolium, Marylandicum, Dillenii, acuminatum.
Uromyces Pseudarthriae Cke. II III — Pseudarthria robusta.
Uromyces Hedysari obscuri (DC.) I III — Hedysarum obscurum L.
Uromyces borealis Peck — I III — Hedysarum boreale, Mackenzii.

Uromyces Genistae tinctoriae Pers. — I II III*) — Genista; Cytisus; Tetragonolobus; Colutea; Oxytropis; Onobrychis; Ptelea; Galega; Sarothamnus; Caragana u. a.

Uromyces Astragali (Opiz) I II III — Astragalus glycyphyllus L., arenarius L., hypoglottis L., alopecuroides L., nigrescens Pall., ponticus Pall., melilotoides Pall., alpinus L., testiculatus Pall., austriacus L., Monspessulanus, opacus, leucophaeus.

Uromyces Phacae Thüm. I II III — Phaca astragalina DC., frigida L.

Uromyces Phaseoli Pers. I II III — Phaseolus vulgaris L., nanus L., multiflorus Lmk., diversifolius Pers., compressus L., pauciflorus Benth., helvolus; Vigna marginata, melanophthalma; Amphicarpaea monoica Nutt.

Uromyces Orobi (Pers.) I II III — Vicia; Ervum; Lathyrus; Orobus; Endiusa.

Uromyces Trifolii (Alb. et Schw.) I II III — Trifolium pratense L., medium L., fragiferum L., montanum L., repens L., hybridum L., agrarium L., incarnatum L., ochroleucum L., angustifolium, rubens L., filiforme L., u. a.

Uromyces Lespedezae (Schw.) I II III — Lespedeza procumbens, capitata Michx., leptostachya Engelm., polystachya, hirta Ell., violacea Pers., repens Barton.

Uromyces Dolichi Cke. I II III — Dolichus gibbosus, axillaris u. a.

Uromyces Psoraleae Peck I II III — Psoralea lanceolata, floribunda, argophylla Pursh.

Uromyces Medicaginis falcatae (DC.) (= Urom. striatus Schröt.) (I) II III — Trifolium agrarium L., minus L., arvense L., striatum L., procumbens L.; Lotus corniculatus L., uliginosus Schk.; Medicago. (Das Aecidium auf Euphorbia Cyparissias, = Aec. Euphorbiae p. p.)

Uromyces Pisi (Pers.) (I) II III — Vicia cassubica L., Cracca L., tenuifolia Roth.; Pisum arvense L., sativum L.; Lathyrus sativus L., tuberosus L., pratensis L., silvester L., Nissolia L. — (Das Aecidium auf Euphorbia Cyparissias, = Aec. Euphorbiae p. p.)

Puccinia sp. — Astragalus alpinus L.

---

*) Diese Collectivspecies ist hier zu Auteuuromyces gestellt worden, weil auf verschiedenen Nährpflanzen, so z. B. auf Cytisus, Oxytropis und Ptelea das Aecidium gefunden worden ist. Aus dem gleichen Grunde ist Ur. Astragali, der oft mit Aec. Astragali zusammen gefunden worden ist, in diese Gruppe gestellt worden.

Uromyces (Pileolaria) Jepperianus Sacc.
on Acacia salicina, Australia.
Hedw. 1889. Pl. II f. 1. See also Ludwig
Centralbl. Bact. VII. 83.

Puccinia Arachidis Speg. III — Arachis hypogaea.
Puccinia Bergii Speg. II III — Adesmia punctata.
Puccinia Petalostemonis Farl. II III — Petalostemon.
Puccinia Amorphae Curt. I? II III — Amorpha canescens Nutt., fruticosa L., microphylla Pursh.
Puccinia Rhynchosiae K. et Cke. I II III — Rhynchosia; Eriosema salignum; Flemingia. (II = Uredo pamparum Speg.?)
Triphragmium deglubens B. et C. — Leguminosen (Papilionaceen?)
Ravenelia glandulaeformis B. et C. II III — Tephrosia virginica Pers.
Ravenelia Tephrosiae Kalchbr. — Tephrosia.
Ravenelia glabra K. et Cke. — Calpurnia silvatica E. Mey; auch auf Acacia.
Ravenelia Hobsoni Cke. (= *R. stictica Berk. et Br.*) — Virgilia.

Caesalpiniaceae.
Uredo cyclogena Speg. — Cassia corymbosa.

Mimosaceae.
Aecidium inornatum K. — Acacia horrida L.
Aecidium ornamentale Kalchbr. — Acacia Farnesiana (gehört wie es scheint als Aecidium zu Ravenelia Hieronymi Speg.)
Uromyces versatilis Peck III — Acacia Gregii.
Uromyces digitatus Wint. II III — Acacia notabilis F. v. Müll.
Uromyces fusisporium Cke. et Mass. II III — Acacia salicina.
Triphragmium Acaciae Cke. II III — Acacia.
Melampsora phyllodiorum Berk. et Br. — Acacia.
Ravenelia minima Cke. II III — Albizzia fastigiata.
Ravenelia glabra K. et Cke. II III — Acacia horrida L.
Ravenelia indica Berk. — Acacia anisophylla, crassifolia Gray.
Ravenelia sessilis Berk. — Acacia Lebbek.
Ravenelia Hieronymi Speg. I II III — Acacia Farnesiana, cavenia.
Von *Ravenelia aculeifera* liefs sich die Nährpflanze nicht ermitteln.

Aristolochiaceae.
Puccinia asarina Kze. III — Asarum europaeum L.
Puccinia Aristolochiae (DC.) I II III — Aristolochia rotunda L., Clematidis L., longa, pallida.

Santalaceae.
Aecidium Osyridis Rabh. — Osyris alba L.
Aecidium pustulatum Curt. — Comandra umbellata Nutt.

Caeoma Comandrae Peck — Comandra pallida.
Puccinia Comandrae Peck — Comandra pallida.
Puccinia Thesii (Desv.) I II III — Thesium montanum Ehrh., intermedium Schrad., linophyllum L., ramosum Hayne, pratense Ehrh., alpinum L., humifusum, ebracteatum Hayne, rostratum M. et K.
Cronartium Comandrae Peck — Comandra pallida, umbellata Nutt.

Loranthaceae.
Aecidium Loranthi Cke. — Loranthus.
Puccinia? Loranthi Speg. — Loranthus.

Ericaceae.
Caeoma Cassandrae Gobi — Andromeda (Cassandra) calyculata Don.
Uredo Pirolae (Gmel.) — Pirola rotundifolia L., chlorantha Sw., media Sw., minor L., secunda L., uniflora L., incarnata DC., elliptica Nutt.
Uredo ledicola Peck — Ledum latifolium Ait.
Puccinia Ledi B. et C. — Ledum latifolium Ait.
Puccinia Rhododendri Fuck. — Rhododendron ferrugineum L., hirsutum L.
Melampsora Rhododendri Thüm. — Rhododendron dahuricum L.
Melampsora sparsa Wint. II III — Arctostaphylos alpina Spreng.
Melampsora Goeppertiana (Kühn) (I) III — Vaccinium Vitis Idaea L., pensylvanicum Lam., canadense Kalm. (Aecid. auf Abies pectinata.)
Chrysomyxa pirolatum (Körn.) (I?) II III — Pirola rotundifolia L., minor L., incarnata DC., elliptica Nutt. (I = Aec. conorum piceae?)
Chrysomyxa Rhododendri (DC.) (I) II III — Rhododendrum ferrugineum L., hirsutum L. (Aecid. auf Picea vulgaris.)
Chrysomyxa Ledi (Alb. et Schw.) (I) II III — Ledum palustre L., latifolium Ait. (Aecid. auf Picea vulgaris.)

Diapensiaceae.
Puccinia Schizocaudonis Pat. — Schizocaudon soldanelloides.

Primulaceae.
Aecidium zu Pucc. limosae Magn. — Lysimachia vulgaris L., thyrsiflora L., quadrifolia, atrata, ciliata; Steironema lanceolata Raf.? (= Aec. Lysimachiae Lk.)
Aecidium Glaucis Dozy et Molkenb. — Glaux maritima L.

Uredo Glaucis Rabh. — Glaux maritima L.
Uromyces Nevadensis Hk. III — Primula suffrutescens.
Uromyces Primulae integrifoliae (DC.) I II? III — Primula Auricula L., villosa Jacq., integrifolia L., minima L. Balbisii.
Puccinia Dayi Clint. III — Steironema ciliatum Rapp.
Puccinia Lysimachiae Karst. II III — Lysimachia vulgaris L.
Puccinia melanconioides Ell. et Hk. I III — Dodecatheon Meadia.
Puccinia Primulae (DC.) I II III — Primula elatior Jaeq., officinalis Jacq., acaulis Jacq., sibirica.
Puccinia Soldanellae (DC.) I II III — Soldanella alpina L., montana $\times$ alpina, pusilla Baumg., minima Hoppe.

Plumbaginaceae.

Uromyces Limonii (DC.) I II III — Statice elongata Hoffm., maritima Mill., alpina Hoppe, Limonium L., longibracteata, macrophylla, speciosa L., Gmelini Willd.
Puccinia guayacuru Spey. I III — Statice brasiliensis.
? *Puccinia sclerotioidea Cke.* — Statice?

Sapotaceae.

Uromyces Mimusops Cke. III — Mimusops.

Ebenaceae.

Aecidium ebenaceum Mont. — auf einer nicht näher bestimmten Ebenacee.

Oleaceae (incl. Jasmineae.)

Aecidium Fraxini Schw. — Fraxinus sambucifolia Lam., viridis Michx., americana u. a.
Aecidium Phillyreae DC. — Phillyrea media L., angustifolia, latifolia L.
Aecidium Ligustri Straufs — Ligustrum vulgare L.
Caeoma Ligustri Rabh. — Ligustrum vulgare L.
Caeoma Phillyreae Thüm. et Bayn. — Phillyrea latifolia L.
Uredo Phillyreae Cke. — Phillyrea media L.
Uromyces Hobsoni Vize — Jasminum.
Puccinia exhauriens Thüm. II III — Jasminum tortuosum.

Gentianeae.

Aecidium Nymphoidis DC. — Limnanthemum nymphoides Lk.
Puccinia Haleniae Arth. et Holw. III — Halenia deflexa Griseb.

Puccinia Sweertiae (Opiz) I II III — Sweertia perennis L.
Puccinia Gentianae (Straufs) I II III — Gentiana cruciata L., asclepiadea L., Pneumonanthe L., utriculosa L., ciliata L., acaulis L., imbricata Froel., adscendens Pall., Andrewsii Griseb., firma, puberula Michx., excisa, quinqueflora Lam. var. occidentalis Gray.
Cronartium Delawayi Pat. II III — Gentiana picta Franch. et G.
Cronartium asclepiadeum (Willd.) (I) II III — Gentiana asclepiadea L.
Melampsora Lisianthi Pat. II — Lisianthus elegans Mart.

Salvadoraceae.
Uredo paraguariensis Speg. — Monetia.

Apocynaceae.
Aecidium apocynatum Schw. — Tabernaemontana sp.; Apocynum cannabinum.
Puccinia Balsansae Speg. III — Echites funiformis.
Puccinia Alyxiae Cke. et Mass. — Alyxia buxifolia.
Puccinia Vincae (DC.) II III — Vinca minor L., herbacea W. K., media Hoffmsg. et Lk., major.
Puccinia Tabernaemontanae Cke. I II III — Tabernaemontana ventricosa.

Asclepiadeae.
Aecidium Brandegei Peck — Asclepias verticillata L.
Uredo valenzueliana Speg. — Metastelma diffusum.
Uredo Ectadiopsidis Che. — Ectadiopsis oblongifolia.
Uromyces Howei Peck I II III — Asclepias Cornuti DC., incarnata L., tuberosa Mnch., ovalifolia DC., Jamesii; Acerates longifolia Ell.
Puccinia Araujae Lév. III — Arauja albens.
Puccinia Gonolobi Rav. — Gonolobus.
Puccinia Pachycarpi K. et Cke. II III — Pachycarpus grandiflorus DC.
Cronartium asclepiadeum (Willd.) (I) II III — Vincetoxicum album Aschers., purpurascens Hort. (Aecid. auf Pinus.)
Cronartium Poggioliana Roum. II III — Asclepias speciosa.
Melampsora Cynanchi Thüm. II III — Cynanchum sibiricum R. Br.

Convolvulaceae.
Aecidium Cressae DC. — Cressa cretica L., truxillensis; Evolvulus.
Aecidium panduranae Schw. — Ipomea pandurana.
Uredo Evolvuli Speg. — Evolvulus sericeus.

Uromyces gemmata Berk. et Curt. — Convolvulus.
Uromyces Ipomeae Berk. — Ipomea argyrioides Chois.
Puccinia holosericea Cke. III — Ipomea holosericea.
Puccinia crassipes Berk. et Curt. — Ipomea trichocarpa.
Puccinia Dichondrae Mont. — Dichondra repens, sericea.
Puccinia Ipomeae (Schw.) I III — Ipomea trichocarpa; Batatas paniculata.
Puccinia opulenta Speg. I II III — Ipomea acuminata, megapotamica; Jacquemontia. (Vielleicht mit der vor. Art identisch?)
Puccinia Convolvuli (Pers.) I II III — Convolvulus arvensis L., sepium L.
Puccinia tuyutensis Speg. I II III — Evolvulus falcatus.
Coleosporium guaraniticum Speg. — Ipomea gossypioides.
Coleosporium Ipomeae (Schw.) II III — Ipomea Nil, lacunosa, pandurana, triloba.

Polemoniaceae.

Aecidium Giliae Peck — Gilia Nuttallii.
Aecidium Polemonii Peck — Polemonium reptans L.; Phlox pilosa L., divaricata L.
Puccinia plumbaria Peck III — Phlox longifolia, divaricata L.; Collomia gracilis.
Puccinia Giliae Hk. II III — Gilia ciliata.
Puccinia Wilcoxiana Thüm. — Gilia spec. (Diese Art wird auch als Synonym zu Pucc. plumbaria angegeben.)
Puccinia Brikelliae Peck II III — Brikellia.

Hydrophyllaceae.

Aecidium Phaceliae Peck — Phacelia.
Puccinia Hydrophylli Pck. et C. I III — Hydrophyllum virginicum L., canadense; Ellisia nyctelea L.

Borraginaceae.

Aecidium zu Pucc. Rubigo-vera — Cynoglossum officinale L., pictum Ait., amplexicaule; Borrago officinalis L.; Anchusa officinalis L.; Lycopsis arvensis L.; Nonnea pulla DC.; Symphytum officinale L., tuberosum L.; Cerinthe minor L., alpina Kit; Echium vulgare L.; Pulmonaria officinalis L., tuberosa Schr., styriaca Kern., mollis Wulf.; Lithospermum arvense L. (= *Aec. Asperifolii Pers.*)
Puccinia Myosotidis Burr. et Seym. — Myosotis verna.

Aecidium Onosmatis Thüm. — Onosma simplicissima L., Gmelini Ledeb.
Uredo Symphyti DC. — Symphytum officinale L., bulbosum Schimp., tuberosum L., tauricum W.
Puccinia Mertensiae Peck III — Mertensia sibirica.
Puccinia Lithospermi E. et K. — Lithospermum canescens.

Solanaceae.

Aecidium Withaniae Thüm. — Withania somnifera.
Aecidium Physalidis Burr. et Seym. — Physalis viscosa, virginica Mill., lanceolata Michx.
Aecidium solaninum Spey. — Acnistus parviflorus.
Uromyces Cestri Mont. I III — Cestrum Parqui.
Puccinia Physalidis Peck III — Physalis viscosa.
Puccinia parado.ropoda Spey. III — Grabowskia obtusa.
Puccinia globosipes Peck — Lycium californicum.
Puccinia tumidipes Peck II III — Lycium Andersoni.
Puccinia Lycii K. II III — Lycium tubulosum.
Puccinia Atropae Mont. I III — Atropa aristata.
Puccinia Solani Cke. I III — Solanum.
Puccinia pampeana Spey. I II III — Solanum valdivianum, tomatillo, pinnatifolium; Salpichroa rhomboidea.

Scrophulariaceae.

Aecidium Pedicularis Libosch — Pedicularis silvatica L., palustris L.
Aecidium Melampyri Kze. et Schw. — Melampyrum nemorosum L., pratense L., arvense L., vulgatum L.
Aecidium Gerardiae Peck — Gerardia quercifolia Pursh.
Aecidium Veronicae Berk. — Veronica.
Aecidium Collinsiae Ell. et Ev. — Collinsia parviflora.
Aecidium Chelonis Gerard — Chelone.
Aecidium Pentstemonis Schw. — Pentstemon gracilis, pubescens, hirsutus; Mimulus ringens L.; Castilleia sessiliflora Pursh., coccinea Spreng. (vergl. Pucc. Pentst.)
Uromyces Scrophulariae (DC.) I III — Verbascum nigrum L., phlomoides L., thapsiforme Schrad., Schraderi Meyer; Scrophularia nodosa L., aquatica L., Ehrhardti Stevens.
Uromyces Limosellae Ludw. I III — Limosella sp.

Puccinia (Lepto-) Veronicae (Schum.) — Veronica officinalis L., longifolia L., spicata L., virginica L., alpina L., montana L., urticifolia L. fil.; Paederota Ageria L.
Puccinia(Lepto-) Veronicae Anagallidis Oudem. —Veronica Anagallis L.
Puccinia Seymeriae Burr. III — Seymeria macrophylla.
Puccinia acrophila Peck III — Synthyris pinnatifida.
Puccinia Pentstemonis Peck I? III — Pentstemon linarioides. (Ob Aec. Pentstemonis hierzu gehört, ist unsicher.)
Puccinia Pedicularis Thüm. — Pedicularis Oederi.
Puccinia Rhinanthi?
Coleosporium Euphrasiae (Schum.) II III — Melampyrum; Euphrasia; Pedicularis; Rhinanthus.

Labiatae.

Aecidium Prunellae Wint. — Prunella vulgaris L.
Aecidium Lycopi Gerard — Lycopus europaeus L., virginicus.
Aecidium Tucumanense Speg. — Hyptides fasciculata Benth., spicata.
Uredo Pycnostachydis K. — Pycnostachys reticulata Bk.
Puccinia (Lepto-) annularis (Straufs) — Teucrium Scorodonia L., Chamaedrys L., fruticans.
Puccinia (Lepto-) verrucosa (Schultz) — Glechoma hederaceum L.; Salvia glutinosa L.; Lophanthus nepetoides, scrophulariaefolius Benth.; Hyssopus.
Puccinia Physostegiae Pck. et Cl. — Physostegia.
Puccinia Bonariensis Speg. III — auf einer nicht näher bestimmten Labiate.
Puccinia nigrescens Peck — Salvia lanceolata.
Puccinia Betonicae (Alb. et Schw.) III — Betonica officinalis L.
Puccinia pallidissima Speg. III — Stachys arvensis L.
Puccinia Vossii Körn. III — Stachys recta L.
Puccinia Stachydis DC. II III — Stachys recta L., siderites.
Puccinia Gibbertii Speg. II III — Hyptides fasciculata Benth.
Puccinia caulincola Schneid. I III —Thymus serpyllum L., Chamaedrys.
Puccinia Phlomidis Thüm. I III — Phlomis tuberosa L.
Puccinia obtusa Schröt. I II III — Salvia verticillata L.
Puccinia Menthae Pers. I II III — Mentha; Lycopus; Clinopodium; Monarda; Calamintha; Blephilia; Pycnanthemum.
Puccinia aethiopica K. et C. I II III — Stachys aethiopica, grandifolia; Leonotis ovata L.
Puccinia Plectranthi (Thüm.) I II III — Plectranthus.

Bignoniaceae.

Aecidium circinatum Wint. — auf nicht näher bestimmten Bignoniacee.
Puccinia appendiculata Wint. — Bignoniacee.
Puccinia medusae Speg. II III — Pithecoctenium clematoideum.

Acanthaceae.

Aecidium Acanthacearum Cke. — Calophanes Burkei; Justicia.
Aecidium Anisacanthi Peck. — Anisacanthus.
Aecidium Tweedianum Speg. — Dicliptera Tweediana.
Uredo (Uredinula) Tweediana Speg. — Dicliptera Tweediana.
Uredo Ecteinanthi K. — Ecteinanthus prolixa Nees.
Uredo Hypoestis Cke. — Hypoestes aristata.
Uromyces texensis B. et C. — Ruellia.
Puccinia lateripes B. et R. II III — Ruellia ciliosa, strepens.
Puccinia Thunbergiae Cke. I II III — Thunbergia natalensis.

Globulariaceae.

Puccinia (Lepto-) grisea (Straufs) — Globularia vulgaris L., nudicaulis L.

Verbenaceae.

Aecidium Phrymae Halst. — Phryma leptostachya.
Aecidium verbenicolum E. et K. — Verbena angustifolia Michx., striata Vent., urticaefolia.
Aecidium Verbenae Speg. — Verbena litoralis.
Puccinia elongata Speg. — Verbena litoralis.
Puccinia Lantanae Farl. — Lantana odorata. (Spegazzini beschreibt einen Urom. Lantanae, bei welchem auch 2zellige Teleutosporen vorkommen.)
Puccinia tuberculata Speg. II III — Lantana Camara.

Plantaginaceae.

Aecidium Plantaginis Ces. Plantago lanceolata L., virginica.

Campanulaceae.

Uromyces Phyteumatum (DC.) I III — Phyteuma spicatum L., hemisphaericum L., orbiculare L., Michelii Bert., betonicifolium Vill., Halleri All.
Puccinia Campanulae Carm. — Campanula Rapunculus L.; Jasione montana.
Puccinia Heideri Wettst. II III — Campanula barbata L.
Coleosporium Campanulae (Pers.) II III — Adenophora; Campanula; Phyteuma; Symphyandra; Specularia; Jasione; auch auf Lobelia.

Lobeliaceae.
Puccinia Lobeliae Gerard III — Lobelia syphilitica L., puberula.
Puccinia acuta Berk. et Müll. I II III — Lobelia pedunculata, anceps, platycalyx F. Müll.
Siehe auch Coleosp. Campanulae.

Goodeniaceae.
Uromyces puccinioides Berk. et Müll. I III — Goodenia herpystica; Selliera radicans.

Cucurbitaceae.
Uredo Zehneriae Thüm. — Zehneria scabra.
Uromyces novissimus Speg. III — Trianosperma ficifolia.
Puccinia Momordicae K. et Cke. III — Momordica cordifolia Sond.
Puccinia aberrans Peck — Smelowskia calycina.
Puccinia Trochomeriae Cke. II III — Trochomeria sagittata.
Puccinia Cephalandrae Thüm. I II III — Cephalandra palmata.

Rubiaceae.
Aecidium Arechavaletae Speg. — Galium (oder Rubia?).
Aecidium Bigeloviae Peck — Bigelovia Douglasii Gray.
Aecidium cytoseiroides Berk. — Opercularia.
Aecidium Cephalanthi Seym. — Cephalanthus occidentalis.
Aecidium houstoniatum Schw. — Houstonia coerulea.
Aecidium Vangueriae Cke. — Vangueria infausta, latifolia. (Oft mit Hemileia Woodii zusammen.)
Aecidium Plectroniae Cke. — Plectronia Gueinzii.
Uredo Holmbergii Speg. — Mitracarpium Sellowianum.
Uredo guarapiensis Speg. — Rubiacee.
Puccinia (Lepto-) Valantiae Pers. — Galium cruciata Scop., vernum Scop., verum L., silvaticum L., Mollugo L., saxatile L., Aparine L., silvestre Poll., glabrum (L.), uliginosum L.
Puccinia rubefaciens Johans. III — Galium boreale L.
Puccinia Spermacocis (Schw.) — Spermacoce glabra; Diodia teres.
Puccinia Galopinae Cke. III — Galopina aspera.
Puccinia Crucianellae Desm. — Crucianella.
Puccinia helvetica Schröt. II III — Asperula taurina L.
Puccinia Pentanisiae Cke. II III — Pentanisia variabilis.
Puccinia Galiorum Lk. I II III — Asperula cynanchica L., odorata L., Aparine Schott., galioides MB., commutata Presl., Neilreichii Beck; Galium Aparine L., asprellum Michx., boreale L., concinnum Torr. et Gray, cruciata Scop., erectum Huds., lucidum

All., Mollugo L., palustre L., purpureum, Schultesii Vest., silvaticum L., silvestre L., triflorum Michx., uliginosum L. verum L.
Melampsora Galii (Lk.) II III — Galium uliginosum L., verum L., silvaticum L., Mollugo L., Schultesii Vest.; Asperula Neilreichii Beck.
Coleosporium detergibile Thüm. — Plectronia ciliata.
Coleosporium Hedyotidis K. et Ckr. — Hedyotis anatymbica.
Hemileia vastatrix Berk. et Br. — Coffea arabica L.
Hemileia Woodii K. et C. — Vangueria. (Vergl. Aecid. Vangueriae.)

Caprifoliaceae.

Aecidium Periclymeni Schum. — Lonicera Periclymenum L., Xylosteum L., nigra L., coerulea L., alpigena L., altaica Pall., Sullivantii Gray.
Aecidium abundans Peck — Symphoricarpus vulgaris Michx., oreophilus.
Aecidium Sambuci Schw. — Sambucus canadensis L.
Puccinia Pringlei Peck — Viburnum pauciflorum.
Puccinia Symphoricarpi Hk. II III — Symphoricarpus mollis.
Coleosporium Viburni Arth. — Viburnum lentago L.

Valerianaceae.

Aecidium Centranthi Thüm. — Centranthus Calcitrapa.
Aecidium Valerianellae Bir. — Valerianella olitoria Mnch., eriocarpa.
Uromyces Valerianae (Schum.) I II III — Valeriana officinalis L., sambucifolia Mikan, dioica L., tripteris L., montana L., capensis Thunb., heterophylla Turcz.
Puccinia Valerianae Carest. I III — Valeriana officinalis L., tripteris L.

Dipsaceae.

Aecidium Scabiosae Dozy et M. — Knautia silvatica Dub.; Succisa sarracenica.
Uredo involucrorum Rabh. — Knautia arvensis Coult.; Dipsacus pilosus L.
Puccinia Succisae Kze. et Schm. — Succisa pratensis. (= Pucc. clandestina Carm?)

Compositae.

Aecid. zu Urom. Junci — Buphthalmum salicifolium L., Pulicaria dysenterica Gärtn. (= *Aec. zonale Dub.*)

Aecid. zu Pucc. Poarum — Tussilago Farfara L.; Petasites albus Gärtn., niveus Baumg., spurius Rchb., frigidus, officinalis Mnch. (= *Aec. Tussilaginis Gmel.*)

Aecid. zu Pucc. obscura — Bellis perennis L. (= *Aec. Bellidis Thüm.*)

Aecid. zu Pucc. Eriophori — Cineraria palustris L. (= *Aec. Cinerariae Rostr.*)

Aecid. zu Pucc. Vulpinae — Chrysanthemum vulgare Bernh., Achillea Ptarmica L. (= *Aec. Ptarmicae Schröt.*)

Aec. zu Pucc. divicae — Cirsium oleraceum Scop., canum M. B., palustre Scop., lanceolatum Scop., heterophyllum All., arvense Scop., oleraceum × canum (= *Aec. Cirsii DC.*)

Aecid. zu Pucc. silvaticae — Taraxacum officinale Web.; Senecio nemorensis L. (= *Aec. Taraxaci Kze. et Schm.*)

Aecid. zu Pucc. tenuistipes — Centaurea Jacea L.

Aecid. zu Pucc. Schoeleriana — Senecio Jacobaea L. (= *Aec. Jacobaeae.*)

Aecidium Senecionum Desm. — Senecio deltoides Lév., quinqueloba DC., micanoides Ott.

Aecidium Senecionis crispati Schröt. — Senecio crispatus DC. var. rivularis.

Aecidium Serratulae Schröt. — Serratula tinctoria L.

Aecidium Cyani DC. — Centaurea Cyanus L.

Aecidium Lappulae Thüm. — Echinospermum Lappula L.

Aecidium Ligulariae Thüm. — Ligularia sibirica Cass.

Aecidium Leucanthemi DC. — Chrysanthemum Leucanthemum L., montanum L.

Aecidium Martianoffianum Thüm. — Artemisia glauca Pall., Halodendri Turcz.

Aecidium gnaphaliatum Schw. — Gnaphalium polycephalum.

Aecidium australe Speg. — Erigeron Bonariensis.

Aecidium Cymbonoti Thüm. — Cymbonotus.

Aecidium Bahiae B. et C. — Bahia.

Aecidium crypticum K. et Cke. — Gerbera.

Aecidium Galatellae Thüm. — Galatella dahurica DC.

Aecidium flustra Cke. — Aster asper.

Aecidium Compositarum Mart. — Doronicum Pardalianches L.; Aposeris foetida DC.; Lactuca Scariola L., canadensis L.; Nabalus; Heliopsis laevis Pers.; Vernonia noveboracensis Willd.; Aster alpinus L., cordifolius L., sagittifolius, sericeus Vent., u. a; Solidago latifolia, caesia, rigida, altissima; Conyza ivaefolia

Less., pinnatiloba DC., podocephala DC.; Erigeron canadense L., bellidifolium, philadelphicum, annuum Pers., strigosum Mühlb.; Lechea major; Cynthia virginica Don.; Rudbeckia laciniata L.; Mikania etc.

Uredo affinis Speg. — Verbesina auriculata.
Uredo Balsamorrhizae Peck — Balsamorrhiza macrophylla.
Uredo barbara Speg. — Senecio sp.
Uredo Bellidis Durieu et Mont. — Bellis silvestris.
Uredo Celmisiae Cke. — Celmisia coriacea.
Uredo Facelidis Speg. — Facelis apiculata.
Uredo Gnaphalii Speg. — Gnaphalium americanum.
Uredo Helianthellae Peck — Helianthella californica.
Uredo Lepisclinis Thüm. — Helichrysum nudifolium Less.
Uredo Rhagodiae Cke. et Mass. — Rhagodia Billardieri.
Uredo Tessariae Speg. — Tessaria absinthioides.
Uredo Wyethiae Peck — Wyethia angustifolia.
Uromyces compacta Peck III — auf einer nicht näher bestimmten Composite.
Uromyces Solidaginis Niessl III — Solidago Virgaurea L.; Rudbeckia laciniata L.
Uromyces Rudbeckiae Arth. et Holw. — Rudbeckia laciniata L.
Uromyces Urgines K. et C. — Helichrysum petiolatum.
Uromyces triannulatus B. et C. — Borrichia frutescens.
Uromyces Cacaliae (DC.) II III — Adenostyles albifrons Reichb., alpina Bl. et Fingh., Alliaria.
Uromyces Melantherae Cke. II III — Melanthera Brownii.
Uromyces Martinii Farl. II III — Melanthera hastata.
Uromyces Eriogoni Ell. et Hark. I II III — Eriogonum virgatum.
Puccinia (Lepto-) Asteris Dub. — Aster alpinus L., azureus Lindl., Amellus L., Tripolium L., paniculatus, shortii, sagittifolius, Novae-Angliae L., miser, salignus Willd., macrophyllus L., corymbosus Ait., cordifolius L., Tradescanti L.; Kriegia virginica Nutt.; Callimeris altaica N. ab Es.; Galactides tomentosa Mnch.; Artemisia austriaca Jacq., campestris L., vulgaris L.; Achillea Ptarmica L., Clavennae L., Millefolium L.; Doronicum austriacum Jacq.; Cirsium oleraceum Scop.; Centaurea montana L., Scabiosa L., maculosa Lam.; Serratulae sp. indeterm. Sibiriae.

— — *var. purpurascens C. et P.* — Aster macrophyllus. L., acuminatus Mchx.

Puccinia (Lepto-) accidiiformis Thüm. — Nidorella mespilifolia DC.
Puccinia (Lepto-) subtecta Rostr. — Cirsium heterophyllum L.
Puccinia Andersoni Berk. et Br. — Cirsium heterophyllum L.
Puccinia Achilleae Cke. -- Achillea albicaulis.
Puccinia investita Schw. — Gnaphalium.
Puccinia Harknessii Peck — Lygodesmia spinosa.
Puccinia Lagenophorae Cke. — Lagenophora Billardieri.
Puccinia Balsamhorrhizae Peck — Balsamorrhiza sagittata.
Puccinia Nardosmii Ell. et Ev. — Petasites palmatus Gr.
Puccinia Printziae Thüm. — Printzia Huttoni.
Puccinia Triptilii Mont. — Triptilion cordifolium.
Puccinia Viguierae Peck — Viguiera.
Puccinia Gerardii Peck — Aster paniculatus Lam.
Puccinia Urospermi Thüm. — Urospermum, Deleschampsii Desf.
Puccinia splendens Vize — Tessaria.
Puccinia africana Cke. — Spilanthes africana.
Puccinia Kurdistani Cke. — Taraxacum glaucum.
Puccinia Virgaureae (DC.) III — Solidago Virgaurea L., linearifolia.
Puccinia Solidaginis Peck III — Solidago nemoralis Ait., pumila.
Puccinia doloris Speg. III — Erigeron bonariensis?
Puccinia Jurineae Cke. III — Jurinea.
Puccinia verruca Thüm. III — Centaurea napifolia L.
Puccinia maculosa Schw. III — Cynthia virginica.
Puccinia variolans Ilk. III — Tetradymia canescens.
Puccinia melanosora Speg. — Acicarphaea tribuloides.
Puccinia cladophila Peck III — Stephanomeria minor.
Puccinia australis Speg.*) III — Mikania scandens, sc. var. periplocifolia, cordifolia.
Puccinia Grindeliae Peck III — Grindelia squarrosa, Tournefortii?
Puccinia nuda Ell. et Ev. III — Arnica foliosa.
Puccinia hysteriiformis Peck — Arnica verna.
Puccinia arnicalis Peck II III — Arnica cordifolia.
Puccinia Kuhniae Schw. II III — Kuhnia eupatorioides L.
Puccinia tinctoria Speg. II III — Eupatorium tinctorium.
Puccinia Schileana Speg. II III — Eupatorium macrocephalum; Ximenesia microptera.
Puccinia Troximontis Peck II III — Troximon cuspidatum.

---

*) Es wird nötig sein, für diese Art, falls sie sich nicht als Synonym einer anderen erweist, einen anderen Namen einzuführen, da Körnicke bereits einer Puccinia auf Molinia die Speciesbezeichnung australis beigelegt hat.

Puccinia heterophylla Cke. II III — Serratula heterophylla.
Puccinia Tanaceti Balsamitae (DC.) II III — Tanacetum Balsamita L.; Pyrethrum leucanthemum.
Puccinia Sonchi (Rob.) II III — Sonchus arvensis L., oleraceus L., palustris.
Puccinia pseudo-sphaerica Mont. — Sonchus radiatus (ist nach der Beschreibung der vorigen Art sehr ähnlich, vielleicht mit ihr identisch.)
Puccinia Helichrysi K. et Cke. II III — Helichrysum petiolatum DC. (= Pucc. Helichrysi Rabh. auf H. chrysanthum?)
Puccinia Heliopsidis Schw. II III — Heliopsis; Vernonia.
Puccinia Conoclinii Seym. II III — Conoclinium coelestinum.
Puccinia suaveolens Pers. II III — Cirsium arvense Scop.
Puccinia Hieracii (Schum.) II III — Achyrophorus; Carduus; Carlina; Centaurea; Cichorium; Cirsium; Crepis; Hieracium, Hypochoeris; Lappa; Leontodon; Picris; Scorzonera; Tarraxacum u. v. a.
Puccinia argentina Speg. II III — Hieracium.
Puccinia conglomerata (Straufs) I III — Homogyne alpina Cass.; Adenostyles albifrons Reichb., alpina· Bl. et Fingh.; Senecio cordatus Koch, nemorensis L., Fuchsii Gm., Jacobaea L., aquaticus Huds., napifolius, Hualtata.
Puccinia subcircinata Ell. et Ev. I III — Senecio triangularis.
Puccinia expansa Lk. — Cacalia hastata.
Puccinia Bellidiastri (Ung.) I III — Bellidiastrum Michelii Cass.
Puccinia Xanthii Schw. I III — Xanthium strumarium L., canadense; Ambrosia trifida L.
Puccinia intermixta Peck I III — Iva axillaris.
Puccinia Saussureae Thüm. I III — Saussurea glomerata Poir., alpina. (Die Zusammengehörigkeit von I und III ist noch zu erweisen.)
Puccinia romica Thüm. — Saussurea.
Puccinia tenuis Schw. I III — Eupatorium ageratoides, altissimum L., perfoliatum L., perpureum L., maculatum.
Puccinia Mac Owani Wint. I II III — Helichrysum petiolatum DC.
Puccinia Silphii Schw. — Silphium terebinthaceum L., integrifolium Mchx., trifoliatum L., perfoliatum L., laciniatum L.
Puccinia Verbesinae Schw. I II III — Verbesina; Siegesbeckia.
Puccinia Helianthi Schw. I II III — Helianthus annuus L., mollis, rigidus Desf., occidentalis Rid., decapetalus, strumosus L.,

grosse-seratus Mart., vulgaris, heterophyllus, Maximiliani Schrad., tuberosus, angustifolius L., hirsutus, doronicoides etc.

Puccinia Tanaceti DC. I II III — Artemisia Absinthium L., Abro-, tanum L., Dracunculus L., dracunculoides Pursh., camphorata Vill., borealis Pall., pontica, vulgaris L., maritima L., monogyna Waldst. et Kit., glauca Pall., annua L., Ludoviciana Nutt., sacrorum Ledeb., macrantha Ledeb., frigida Willd.; Tanacetum vulgare L.; Chrysanthemum corymbosum L.; Senecio, Vernonia u. a.

Puccinia oedipus Cke. I II III — Senecio panduraefolius.

Puccinia montana Fuck. I II III — Centaurea montana L.

Puccinia Prenanthis (Pers.) I II III — Prenanthes purpurea L.; Lactuca sativa L., virosa L., Scariola L., viminea Schultz., muralis Less., stricta W. K., sagittata W. K., perennis L.; Mulgedium alpinum Cass., pulchellum Nutt.

Puccinia Lampsanae (Schultz) I II III — Lampsana communis L.; Crepis paludosa.

Puccinia Crepidis Schröt. I II III — Crepis virens Vill., tectorum L.

Puccinia Cirsii lanceolati Schröt. I II III — Cirsium lanceolatum Scop.

Puccinia Tragopogonis (Pers.) I II III — Tragopogon; Scorzonera; Podospermum; Galasia; Rhagadiolus.

Puccinia Rhagadioli Thüm. — Rhagadiolus stellatus Gärtn.

Puccinia eradens Hk. I II III — Baccharis pilularis.

Cronartium praelongum Wint. — auf einer nicht näher bestimmten Composite.

Melampsora pucciniodes Wint. — Helichrysum.

Coleosporium Sonchi arvensis (Pers.) II III — Adenostyles; Tussilago; Petasites; Inula; Pulicaria; Cineraria; Senecio; Sonchus; Cacalia; Elephantopus; Ligularia; Saussurea; Mulgedium; Kleinia; Vernonia; Solidago; Aster; Silphium; Helianthus; Aronicum; Verbesina, Callistephus.

Coleosporium Madiae Cke. — Madia. (Vielleicht auch zur vorigen Art gehörend.)

Coleosporium Senecionis (Pers.) (I) II III — Senecio vulgaris L., viscosus L., silvaticus L., vernalis W. K., Jacobaea L., octoglossus DC., saracenicus. (Das Accid. auf Pinus.)

Anhang.

Arten, deren Nährpflanzen unbekannt sind.

Aecidium sarawacense Nob.
Uromyces circinalis K. et Cke. — auf Monocotyledonen.
Uromyces microsorus K. et Cke. II III.
Puccinia suffulta B. et C.
Diorchidium pallidum Wint. II III — auf einer Kletterpflanze.

Arten, deren Nährpflanzen nicht ermittelt wurden.

Aecidium Rusbyi Gerard., *Aecidium microstomum* Berk.
Uredo bulbipes Kalchbr.
Uromyces sphaericus Speg., *Uromyces echinulatus* Niessl. *Uromyces Trollii* K. et Mac Oro. III (auf Hypopbyllum?)
Ravenelia aculeifera.

Zu S. 7:

Puccinia Caricis setigerae Don. (I) II III — Carex setigera. (Als Aecidium gehört hierzu Aec. Urticae var. Himalajense.)

Zu S. 10:

Puccinia Polliniae Barclay (I) II III — Pollinia nuda Trin. (Aec. auf Strobilanthes Dalhousianus Clarke.)

Zu S. 11:

Myricaceae.

Aecidium myricatum Thüm. — Myrica cerifera L.

Zu S. 39:

Puccinia Beltraniana Thüm. III — Teucrium fruticans L.

Register

der aufgeführten Pilzarten.

aberrans	41	album	31	argentata	20
abietinum	2	Alchemillae	29	argentina	46
Abietis	2	Aletridis	6	argentinus	8
Abietis canadensis	1	Allii	4	Ari	7
Abietis pectinatae	1	alliicolum	3	Ari italici	7
abundans	42	Allii ursini	3	Aristidae	8
Acaciae	33	Alismatis	11	Aristolochiae	33
Acanthacearum	40	Alni	11	arnicalis	45
Acerum	21	alpestris	18	aroideum	7
Acetosae	13	alpina	18	arundinariae	9
Achilleae	45	alpinus	13	asarina	38
Aconiti	17	Alyxiae	36	asclepiadeum	11, 36
Aconiti Lycoctoni	16	ambiens	23	Asparagi	5
Aconiti Napelli	16	Amorphae	31, 33	Asperifolii	37
acrophila	39	amphigenum	31	asperior	25
Actaeae	16	anachoreta	4	Asphodeli	3, 4
aculeata	4	Andersoni	45	Asteris	44
aculeifera	33, 43	Andropogonis	9	Astragali	32
acuminatus	8	Anemones virgin.	16	Atragenes	16
acuta	41	Angelicae	24	Atropae	38
acutatus	3	Anguillariae	5	atropunctata	5
Adoxae	26	angustata	7	aurantiacum	28
aecidioides	12	Anisacanthi	40	aurea	10
aecidiiformis	45	annularis	39	auriellum	17
Aegopodii	24	Anthoxanthi	9	australe	43
aegra	18	Anthrisci	24	australis	9, 45
Aesculi	21	Anthyllidis	31		
aethiopica	39	apocynatum	36	Bahiae	43
affinis	5, 44	appendiculata	40	Balansae	36
africana	45	Aquilegiae	16	balsameum	2
Agrimoniae Eupat.	30	Arachidis	33	balsamifera	12
albida	30	Araujae	36	Balsaminae	20
albilabrum	24	Arechavaletae	21	Balsamorrhizae	44, 45
Albucae	4	Arenariae	14	barbara	44

Barbaraeae	.	.	.	18	Capparidis	. . . .	18	clavipes 2
Barbeyi	.	.	.	3	Caprearum	. . . .	11	Claytoniae 15
Barnardi	.	.	.	30	Caraganae	. . . .	31	claytoniatum . . . 14
Baryi	.	.	.	9	carbonacea	. . . .	20	Clematidis 16
Behenis	.	.	.	14	carbonarium	. . .	30	Cluytiae 23
Bellidiastri	.	.	.	46	Cardiospermi	. . .	21	Collinsiae 38
Bellidis	.	.	. 43,	44	caricicola	. . . .	7	columnare 2
Beltraniana	.	.	.	48	Caricis	. . . .	7, 8	Comandrae 34
Berberidis	.	.	.	15	Caricis setigerae	. .	48	Commelinae . . . 6
Bergii	.	.	.	33	carniolica	. . . .	25	compacta 44
Betae	.	.	.	13	Carpini	. . . . .	11	Compositarum . . . 43
Betonicae	.	.	.	39	caryophyllinus	. .	14	conclusa 7
betulina	.	.	.	11	Cassandrae	. . . .	34	conglomerata . . . 46
Bigeloviae	.	.	.	41	Castagnei	. 11, 16,	30	congregata 26
Bigelowii	.	.	.	11	caulincola	. . . .	39	Conoclinii 46
biseptatum	.	.	.	3	Ceanothi	. . . .	22	conorum Piceae . . 2
Bistortae	.	.	.	13	Celmisiae	. . . . .	44	Convallariae . . . 5
Boisduvaliae	.	.	.	27	Centranthi	. . . .	42	Convolvuli 37
Bonaërensis	.	.	.	14	Cephalandrae	. . .	41	coralloides 17
Bonariense	.	.	.	13	Cephalanthi	. . .	41	cornutum 28
Bonariensis	.	. . 24,	39	Cerasi	. . . . .	31	coronata 10
borealis	.	.	.	31	Cerastii	. . . . .	14	coruscans 2
botryapites	.	.	.	28	cerebrum	. . . .	2	crassipes 37
Bougainvilleae	.	.	14	Cesatii	. . . . .	9	Crepidis 47
Boutelouae	.	.	.	8	Cestri	. . . . .	38	Cressae 36
Brandegei	.	. 8, 17,	36	Cheilanthis	. . .	1	Crini 5
Brikelliae	.	.	.	37	Cheiranthi	. . . .	18	cristata 21
Brodiaeae	.	.	.	4	Chelidonii	. . . .	17	cristatus 14
Bulbines	.	.	.	4	Chelonis	. . . .	38	Croci 6
bulbipes	.	.	.	48	Chenopod. frut.	. .	13	Crotonis 23
bullata	.	.	.	24	Chorizanthis	. . .	12	Crotonopsidis . . . 22
Bunii	.	.	.	25	Chrysosplenii	. . .	26	Crucianellae . . . 41
Bupleuri falc.	.	.	.	25	Cicutae maj.	. . .	24	Cruciferarum . . . 18
Buxi	.	.	.	23	cimicifugatum	. . 16,	17	crypticum 43
					Cinerariae	. . . .	43	Cryptotaeniae . . . 24
Cacaliae	.	.	.	44	Circaeae	. . . .	27	cuspidatus 8
Caladii	.	.	.	7	circinalis	. . . .	48	Cussoniae 25
Calirrhoes	.	.	.	19	circinatum	. . . .	40	Cyani 43
Calliantheini	.	.	.	16	Cirsii	. . . . .	43	cyclogena 33
Callixense	.	.	.	5	Cirsii lanceol.	. . .	47	Cymbonoti 43
Calochorti	.	.	.	4	Cisneroanus	. . .	23	Cynanchi 36
Calthae	.	.	.	17	Cissi	. . . . .	22	Cynodontis 9
Campanulae	.	.	.	40	Citri	. . . . .	12	Cypripedii 10
Campulosi	.	.	.	8	cladophila	. . . .	45	cytoseiroides . . . 41
cancellata	.	.	.	6	Clarkiae	. . . . .	27	
cancellatum	.	.	.	28	clavariaeforme	. . .	2	Dactyldis 8
Cannae	.	.	.	10	clavellosum	. . .	25	Dayi 35

Deeringiae	14	Euphorbiae	22, 23	Gerardiae	38
deformans	27	Euphorb. silvat.	23	Gerardii	45
deformata	9	Euphrasiae	30	gibberosa	9
deglubens	33	evadens	47	Gibbertii	39
Delawayi	36	Evolvuli	36	gibberulosa	16
Dentariae	18	Evonymi	21	gigantea	27
depauperans	18	exanthematica	25	Giliae	37
detergibile	42	exhauriens	35	glabra	33
detritum	22	expansa	46	Gladioli	6
devastatrix	30			glandulaeformis	33
Dicentrae	17	Facelidis	44	Glaucis	34, 35
Dichondrae	37	Falcariae	25	globosipes	38
digitariaecola	8	Fergussoni	18	gnaphaliatum	43
digitata	22	Ferulae	25	Gnaphalii	44
digitatus	33	Festucae	8	Goeppertiana	34
dioicae	7	Ficariae	16	Gonolobi	36
Discariae	22	ficicola	12	gracile	30
dissiliens	13	Ficus	12	gracilens	25
Dissotidis	28	filamentosum	2	graminellum	8
Dolichi	32	Filipendulae	29	graminicola	8
doloris	45	flaccida	9	Graminis	9
Dorycnopsidis	31	flaccidum	17	granularis	20
Drabae	18	flavidula	28	graveolens	15
		flustra	43	Grindeliae	45
ebenaceum	35	Foeniculi	24	grisea	40
echinatum	25	Fragariae	29	Grossulariae	26
echinulatus	48	fragiforme	2	guaraniticum	21, 37
Ectadiopsidis	36	Fraxini	35	guarapiensis	41
Eeteinanthi	40	Fuchsiae	27	guayacuru	35
effusus	21	Fuirenae	7		
elatinum	2	Fumariae	17	Haleniae	35
Eleocharis	7	fusca	16	Harknessii	2, 45
Ellisii	3	fusisporium	33	Hartigii	11
elongata	40			Hartwegiae	3
emaculata	9	Gageae	3	Hedyotidis	42
Empetri	23	Galanthi	5	Hedysari obsc.	31
Engelmanni	2	Galatellae	43	Hedysari panic.	31
enormis	24	Galii	42	Heideri	40
Ephedrae	3	Galiorum	41	Heliantellae	44
Epliobii	27	Galopinae	41	Helianthi	46
Epil. tetrag.	27	gaurinum	27	Helichrysi	46
epitea	11	Gayophyti	27	Heliopsidis	46
Eriogoni	44	gemmata	37	Helioscopiae	23
Eriophori	7	Genistae tinct.	32	helvetica	41
Eriospermi	4	Gentianae	36	Hemerocallidis	4
Erythronii	4	Geranii	20	hemisphaericus	24
Eucalypti	28	Geranii silvat.	20	Hepaticae	15

heterogenis	19	Isopyri	16, 17	longissimum		30
heterophylla	46	Junci	6	lonicerinum		42
Heteropteridis	21	juncinus	6	Lorantbi		34
heterospora	19	juniperinum	2	lucida		29
Heucherae	26	Jurineae	45	Lycii		38
Hibisciatum	19	Jussieae	27	Lycopi		39
Hieracii	46	Ixiae	6	Lysimachiae	34,	35
Hieronymi	33					
Hippocrepidis	31	Kirgbisica	20	Maclurae		12
Hippuridis	27	Kraufsiana	5	Mac Owani		46
Hobsoni	33, 35	Kubniae	45	macropoda		14
Holmbergii	41	Kurdistani	45	macropus		3
holosericea	37			macrosperma		1
houstoniatum	41			maculosa		45
Howei	36	laceratum	28, 29	Madiae		47
hyalinum	29	Lagenophorae	45	Magelhaenicum		15
hyalinus	31	Lampsanae	47	Magnusiana		10
hydnoideum	28	Lantanae	40	Malvacearum		19
Hydrangeae	26	Lappulae	43	Malvastri		19
Hydrocotyles	24	Laricis	1	malvicola		20
Hydrophylli	37	lateripes	40	mammillata		13
Hyperici frond.	18	Lathyrellae	31	Mariae Wilsoni		18
Hypericorum	19	Ledi	34	Martianoffiana		16
Hypoestis	40	ledicoli	34	Martianoffianum	16,	43
Hypoxidis	5	Lepidii	18	Martinii		44
hysteriiformis	45	Lepisclinis	44	Maydis		9
		Lespedezae	32	Mbatobiense		1
Jacobaeae	43	Leucanthemi	43	Medicaginis falc.		32
Janiphae	22	Leucoji	5	Medusae	12,	40
impatientatum	20	Libanotidis	24	Mei		23
inaequialtus	14	Ligulariae	43	Melampyri		38
incarcerata	22	Ligustici	24	melanconioides		35
incarceratum	11	Ligustri	35	melanosora		45
indica	33	Liliacearum	4	Melantherae		44
indicus	7	Limonii	35	Menthae		39
inornatum	33	limosae	7	Mercurialis perenn.		22
insueta	21	Limosellae	38	Mertensiae		38
intermixta	46	lineolatus	7	Mesnieriana		22
interveniens	19	Lini	20	mesomegala		5
intricata	27	Liquidambaris	26	Mespili		29
investita	45	Lisianthi	36	Metanarthecii		5
involucrorum	42	Lithospermi	38	microsora		7
Jonesii	16, 25, 26	lobata	20	microsorus		48
Ipomeae	37	lobatum	22	microstomum		48
Iridis	6	Lobeliae	41	Microtidis		10
Isiacae	8	Loikajana	4	Mimusops		35
isomerinum	18	longissima	8	minima		33

mirabilissima	15	Osyridis	33	Physostegiae	39
mixta	11	Oxalidearum	20	Phyteumatum	40
Moliniae	10	Oxalidis	20	pictus	19
Momordicae	41	Oxyriae	13	Pilocarpi	21
monoicum	17			Pimpinellae	25
montana	47	Pachycarpi	36	Pini	1, 2
Moraeae	6	Padi	31	pinitorquum	1
Morthieri	20	paliformis	9	Pirolae	34
Muelleri	29	pallidissima	39	pirolatum	34
Muscari	3	pallidulum	20	Pirottae	19
Myosotidis	37	pallidum	48	Pisi	32
myricatum	48	pallidus	31	Plantaginis	40
Myrsiphylli	5	Pammelii	22	platensis	14
		pampeana	38	Plectranthi	39
Napaeae	19	panduranae	36	Plectroniae	41
Nardosmii	45	papillatus	24	plumbaria	37
Nasturtii	17	paradoxopoda	38	plumbarius	27
Nesaeae	27	paraguariensis	36	pluriannulatus	24
Nesodaphnes	15	Parnassiae	26	Poae	8
neurophila	28	Parodii	21	Poae sudet.	8
nevadensis	35	Pastinacae	24	Poarum	10
nigrescens	39	Peckiana	30	Podophylli	15
nitens	29	Peckianus	8	Poggioliana	36
nodosa	4	Peckii	2	Polemanniae	24
novissimus	41	pedatatum	18	Polemonii	37
nuda	45	Pedicularis	38, 89	politum	12
Nymphoidis	17, 35	Pelargonii	20	Polliniae	48
		penicillatum	28	Polygalae	21
		Pentanisiae	41	polygalinum	21
oblongata	6	Pentstemonis	38, 39	Polygoni	13
obscura	6	perforans	5	Polygoni amphib.	13
obtecta	7	peribebuyensis	21	Polypodii	1
obtusa	39	Periclymeni	42	Popowiae	15
obtusum	29	perplexans	10	populina	12
odoratum	19	pervius	21	porosum	31
oedipus	47	Petalostemonis	33	porphyrogenita	25
Oenotherae	27	Phacae	32	Porri	4
Onobrychidis	31	Phaceliae	37	Potentillae	29
Onosmatis	38	Phalaridis	9	praelongum	47
opulenta	37	Phaseoli	32	Prenanthis	47
Orchidearum	10	Phillyreae	35	primaverilis	4
Orchidis	10	Phlomidis	39	Primulae	35
Oreoselini	24	Phragmitis	10	Primul. integrif.	35
ornamentale	33	Phrymae	40	Pringlei	42
ornata	13	Phyllocladiae	5	Printziae	45
Ornithogali	3, 4	phyllodiorum	33	proëminens	23
Orobi	32	Physalidis	38	Proserpinacae	27

Prostii	4	rostrata	18	Serratulae	43
Prunellae	39	rubefaciens	41	Seseli	23
Pruni spinos.	31	rubellum	12	Sesleriae	10
Pseudarthriae	31	Rubi	30	sessilis	10, 33
pseudocolumnare	2	Rubigo-vera	9	Seymeriae	39
pseudosphaerica	46	Rubi Idaei	30	Sidae	19
Psidii	28	Rudbeckiae	44	Sii latifolii	23
Psoraleae	32	rufa	31	Silenes	14
Ptarmicae	43	Rumicis	13	Silphii	46
puccinioides	41, 47	Rumicis scut.	13	silvatica	7
pulcherrimum	22	Rusbyi	48	simplex	29
Pulsatillae	17			simulans	8
pulvinata	19	Sabinae	2	Sisyrinchii	24
pulvinatus	23	Safianoffianum	3	Smilacis	5
punctato-striatus	21	Sagittariae	11	Smyrnii	25
punctatum	15	Salicorniae	13	Solani	38
purpurea	9	Salsolae	13	solaninum	38
pustulatum	44	Sambuci	42	Soldanellae	35
Pycnostachydis	39	sanguineus	15	soleniiforme	31
pyratum	28	Sanguisorbae	30	Solidaginis	44, 45
pyriforme	2	Saniculae	25	Sommerfeltii	16
pyriformis	7	sarawacense	48	Sonchi	46
		Sarcobati	13	Sonchi arvensis	47
Quercus	11	Saussureae	46	Sorbi	29
		Saxifragae	26	Sparganii	6
Ranunculacearum	15	scabies	10	Spargueae	15
Ranunculi	15, 16	Scabiosae	42	sparsa	34
resinaecolum	31	scandica	27	sparsus	14
reticulatum	3	Schanginiae	13	Spartinae	8
Rhagodiae	44	Schelliana	16	speciosum	3, 30
Rhagadioli	47	Schileana	45	Spermacocis	41
Rhamni	22	Schizokaudonis	34	sphaericus	48
Rhederianum	26	Schoeleriana	8	sphaeropleum	31
Rhinanthi	39	Schroeteri	5	splendens	22, 45
Rhodiolae	25	Scillae	4	Sporoboli	9
Rhododendri	34	Scillarum	3	spreta	26
rhombica	21	Scirpi	7	Spyridii	22
Rhynchosiae	33	sclerotioidea	35	Stachydis	39
rhytismoides	16	Scolopendrii	1	Stipae	9
Ribesii	26	Scrophulariae	38	stratosa	23
ribicolum	26	scutellatus	23	striatula	9
Ribis	26	Sebastianae	22	strobilinum	2
Ricini	22	Sedi	25	stromatica	16
rimosa	7	Sempervivi	25	Suaedae	13
Rivinae	14	Senecionis	47	suaveolens	46
roestelioides	19	Senec. crispati	43	subcircinata	46
Rosae alpinae	30	Senecionum	43	subcorticium	30

subtecta	. . .	45	tremelloides	. . .	2	vastatrix	. . .	42
Succisae	. . .	42	Tremulae	. . .	12	Veratri	. . . .	5
superficiale	. . .	1	triannulatus	. . .	44	Verbenae	. . .	40
suffulta	. . . .	48	triarticulata	. . .	9	verbenicolum	. . .	40
Sweertiae	. . .	36	Trifolii	. . . .	32	Verbesinae	. . .	46
Symphoricarpi	. .	42	Trillii	. . . .	5	vernalis	. . . .	26
Symphyti	. . .	38	Triptilii	. . . .	45	Veronicae	. . .	38, 39
			triquetra	. . .	18	Veron. Anagallidis	.	39
Tabernaemontanae	.	36	Trochomeriae	. . .	41	verruca	. . . .	45
Tanaceti	. . .	47	Trollii	. . . .	17	verrucosa	. . .	39
Tanac. Balsam.	. .	46	Trollipi	. . . .	48	veruculosus	. . .	14
Taraxaci	. . .	43	Tropaeoli	. . .	20	versatilis	. . .	33
Tecleae	. . . .	21	Troximontis	. . .	45	vesiculosa	. . .	21
tenuis	. . . .	46	tuberculata	. . .	40	vexans	. . . .	9
tenuistipes	. . .	8	tuberculatum	. . .	30	Viburni	. . . .	42
Tephrosiae	. . .	33	tuberculatus	. . .	23	Viguierae	. . .	45
Terebinthi	. . .	21	Tucumanense	. . .	30	Vincae	. . . .	36
Tessariae	. . .	44	Tulipae	. . . .	4	violaceum	. . .	30
texensis	. . .	40	tumida	. . . .	25	Violae	. . . .	18
Thalictri	. . .	16	tumidipes	. . .	38	Virgaureae	. . .	45
Thal. flavi	. . .	15	Tussilaginis	. . .	43	Vitellinae	. . .	11
Thermopsidis	. . .	31	tuyutensis	. . .	37	Vitis	. . . .	22
Thesii	. . . .	34	Tweediana	. . .	40	vomica	. . . .	46
Thlaspeos	. . .	17	Tweedianum	. . .	40	Vossii	. . . .	39
Thlaspidis	. . .	17				Vulpinae	. . .	7
Thomsoni	. . .	2	Ulmariae	. . .	29			
Thuemeniana	. . .	19	Umbilici	. . .	25	Waldsteiniae	. . .	29
Thunbergiae	. . .	40	unitus	. . . .	14	Wilcoxiana	. . .	37
Tiarellae	. . .	26	urceolatum	. . .	16	Windsoriae	. . .	9
tinctoria	. . .	45	Urgines	. . . .	44	Withaniae	. . .	38
tomentella	. . .	29	Urospermi	. . .	45	Woodii	. . . .	42
tomipara	. . .	9	Urticae	. . . .	12	Wyethiae	. . .	44
tordillense	. . .	22	Uvulariae	. . .	5			
tordillensis	. . .	22				Xanthii	. . . .	46
Toxicodendri	. . .	21	Valantiae	. . .	41	Xanthoxyli	. .	21
Trabutii	. . . .	9	valenzueliana	. .	36			
Tragiae	. . . .	23	Valerianae	. . .	42	Zebnerianae	. . .	41
Tragopogonis	. .	47	Valerianellae	. . .	42	zonale	. . . .	42
transformans	. . .	29	Vangueriae	. . .	41	Zopfii	. . . .	17
transversalis	. . .	6	variolans	. . .	45	Zygadeni	. . .	5

Register für die Familien der Nährpflanzen.

Acanthaceae	40	Ebenaceae	35	Nymphaeaceae	17
Aceraceae	21	Empetraceae	23		
Alismaceae	11	Ericaceae	34	Oleaceae	35
Amarantaceae	13	Euphorbiaceae	22	Onagraceae	27
Amaryllidaceae	5			Orchidaceae	10
Ampelidaceae	22	Filicinae	1	Oxalidaceae	20
Amygdaleae	30	Frankeniaceae	19		
Anacardiaceae	21	Fumariaceae	17	Papaveraceae	17
				Papilionaceae	31
Anonaceae	15	Gentianaceae	35	Phytolaccaceae	14
Apocynaceae	36	Geraniaceae	20	Plantaginaceae	40
Araceae	7	Globulariaceae	40	Plumbaginaceae	35
Araliaceae	25	Gnetaceae	3	Polemoniaceae	37
Aristolochiaceae	33	Goodeniaceae	41	Polygalaceae	21
Artocarpeae	12	Gramineae	8	Polygonaceae	12
Asclepiadeae	36			Portulacaceae	14
		Haemodoraceae	6	Primulaceae	34
Balsaminaceae	20	Halorhagidaceae	27		
Berberidaceae	15	Hamamelidaceae	26	Ranunculaceae	15
Betulaceae	11	Hydrophyllaceae	37	Rhamnaceae	22
Bignoniaceae	40	Hypericaceae	18	Rosaceae	28
Borragineae	37			Rubiaceae	41
Buxaceae	23	Jasmineae	35	Rutaceae	21
		Iridaceae	6		
Caesalpiniaceae	33	Juncaceae	6	Salicaceae	11
Campanulaceae	40			Salvadoraceae	36
Cannaceae	10	Labiatae	39	Santalaceae	33
Capparidaceae	18	Lauraceae	15	Sapindaceae	21
Caprifoliaceae	42	Liliaceae	3	Sapotaceae	35
Caryophyllaceae	14	Linaceae	20	Saxifragaceae	25
Celastraceae	21	Loasaceae	26	Scrophulariaceae	38
Chenopodiaceae	13	Lobeliaceae	41	Solanaceae	38
Commelinaceae	6	Loranthaceae	34		
Compositae	42	Lythraceae	27	Tamaricaceae	19
Coniferae	1			Thymelaeaceae	28
Convolvulaceae	36	Malpighiaceae	21	Tropaeolaceae	20
Cornaceae	25	Malvaceae	19	Typhaceae	6
Crassulaceae	25	Melastomaceae	28		
Cruciferae	17	Mimosaceae	33	Umbelliferae	23
Cucurbitaceae	41	Monimiaceae		Urticaceae	12
Cupuliferae	11	Moraceae	12		
Cyperaceae	7	Myricaceae	48	Valerianaceae	42
		Myrtaceae	28	Verbenaceae	40
Diapensiaceae	34			Violaceae	18
Dipsaceae	42	Nyctaginaceae	14	Zygophyllaceae	21